U0060354

當我在朝聖之路上

林東鈺 著

感謝一直陪伴我的家人、朋友和旅途認識的大家，在此將故事內容傳遞給它想要分享的人，並適時給予所有的鼓勵、支持及陪伴。

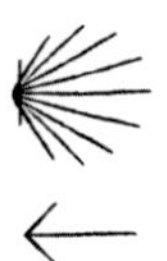

Recommended order（推薦序）

I have walked the Camino de Santiago several times. I then was invited to help as a volunteer at the Pilgrims Office in Santiago de Compostela and later by Monasteries giving hospitality to the Pilgrims. I feel that unless one walks the Camino de Santiago, one misses one of the most interesting opportunities in life. The opportunity to unleash and discover the hidden precious faculties we possess. These would remain inactive, dormant, buried for years in the recess of our soul...or at least they would never be used by us to its full potential and more. I am referring to finding the courage to be kind, generous, compassionate, able to love unconditionally, to care. Of course we might do all this already in our ordinary life, but not to its full heroic potential. In our ordinary daily life, we risk to be restricted by conventions, prejudice, fear, lack of time. Only on the Camino we find the perfect conditions and freedom to explore these possibilities to its full.

我走過好幾次聖雅各朝聖之路，後來被邀請至朝聖者辦公室擔任志工，接著又受修道院之邀協助款待朝聖者。我覺得，沒走過朝聖之路，等同於錯失了人生最有趣的機會之一。這個機會是指去發掘和發揮我們隱藏的天賦，那些掩埋在我們靈魂深處、無法充分被運用的天賦，我指的是去找尋願意善良、慷慨、熱情、無條件去愛和關懷的勇氣。當然，我們日常生活中可能平常就在做這些事了，但我們總被習俗、成見、恐懼和時間的框架所限制，並沒有將天賦充分發揮到極致，唯有走在這條路上，我們才有理想的條件和自由去探索全然的可能。

The Camino somehow allows all this hidden good qualities we possess to surface and be re-introduced into our lives. What is amazing is that this discovery and enrichment inevitably will change and condition the rest of our lives, far beyond the camino. We will learn to be happier, better, more content and wiser in coping with the inevitable difficulties we experience in our lives.

We are familiar with the Haiku of “The old pond and the Frog” by Matsuo Basho (1644-1694):

Furu ike ya　　　OId pond,

Kawazu tobikomu　A frog leaps in
Mizu no oto.　　The sound of water.

不知爲何，這條路總是有辦法顯現我們隱藏的美好特質，使其再次彰顯於生活中。更驚奇的是，所有的收穫都會自然而然地改變我們的餘生，影響程度遠超過這條路本身。當往後面對生命中無可避免的課題時，我們將學到以更愉快、更美好、更知足、更有智慧的方式應對。

日本詩人松尾芭蕉(1644-1694)有首著名的俳句作品〈古池與青蛙〉：

古池や　寂靜古池旁
蛙飛び込む　青蛙跳進水中央
水の音　一聲撲通響

Well, I think the Camino becomes for a pilgrim the “frog” generating the “sound of water”, that will awake and shake our conscience to become vibrant again and give true life to those hidden precious human qualities we possess but would not dare to expose and live to the full. As the soul of the poet’s spirit is awaken by the sound, similarly the camino awakes us to a newness of life. It shakes our torpor.

I think on the Camino we reach this ability because we leave behind our daily life frequently taking the full attention and concern of our mind and heart. Here we reach a complete sense of freedom, The Camino becomes a most fertile ground, a most fecund formative experience. We encounter pilgrims coming from all corners of the World. We counted 130 different Nationalities. It is here I met Mr Tung Hsuan Lin the author of this publication.

嗯，我認爲朝聖之路對朝聖者而言就是那隻「青蛙」，它跳入水中產生的「撲通聲」撼動、喚醒我們的意識再次綻放光明，也讓我們本就擁有卻無法盡情展現的寶貴人性特質，重新活起來。那撲通一聲喚起詩人的靈魂，就如同朝聖之路喚起我們對生命的新意，使我們從漫長的冬眠中甦醒。我想，在這條路上之所以能如此，是因爲我們拋開日常生活的瑣碎，全神貫注地觀照自己的心靈。朝聖之路帶領我們感受全然的自由，它是一塊滋養我們的肥沃土地，也是一段成長過程中的豐碩經歷。我們遇見來自世界各地130 個不同國籍的朝聖者，而我和本書的作者——林東炫先生也是在此相遇。

The hardness and joys we encounter on the Camino, the discomforts, the beauty of the new land we see,

the woods, the rivers, the Ocean the sharing of gentle moments, the rain, the heat, the cold, the discipline, the wonders of the Mediaeval ancient buildings, the monasteries where we might spend the night, the Gregorian Chants of the Nuns, the pilgrims' paths we walk, the same paths waked for thousand of years by thousands of pilgrims before us, we learn to help strangers before they ask, we experience to accept anonymous help, all this, the long silence, the tolerance without judging somehow, inexplicably become the necessary ingredients to promote a dialogue within oneself, where the recesses of our soul reveal the beauty and potential of our heart. We learn to discern the essential from the superfluous in our lives. We gain a richness of life that will overflow to others. It gives us strength both physically and spiritually. We end up by not being afraid to be "too gentle or too kind" : if this might be seen as a sign of weakness...in fact we discover that this fascinating "weakness" is our "new strength" .

Mario Pozzati-Tiepolo, Pilgrim.

在朝聖之路上，我們體會到艱辛、喜悅和不適，我們看見森林、河流、海洋等美麗的景緻，我們共度友善的交流時光，共享雨水、酷熱、寒冷的時刻，我們討論教條，讚嘆中世紀古建築，參觀提供住宿的修道院，聆聽修女詠唱葛利果聖歌，我們走在幾千年來成千上萬人走過的路上。我們學著在他人求助前就伸出援手，也學會接受匿名的幫助，長時間地靜默，寬容、不隨意論斷，這一切，皆莫名地成爲促使我們與自己對話的必要養份，而心的美麗與潛力，就這樣從靈魂深處流露出來了。我們也學習在太過豐盛的生活裡，看清究竟什麼才是重要的，並且，把生命的豐裕與他人分享，這爲我們的身心注入滿滿能量。最終，我們不再擔心「太溫柔」或是「太善良」：即便這些特質被視爲軟弱的象徵……事實是，這迷人的「軟弱」，正是我們的「嶄新力量」。

朝聖者
馬力歐·波札帝提也波洛

自序

二零一五年七月中旬，我大學剛畢業，想為自己做些什麼，於是規劃前往印度進行為期三個月的自由行，因緣際會下參與非營利組織的志工，也結識了很多朋友，在旅程接近尾聲時，心中的擔憂反而越加濃烈，細心的朋友一眼便看出來，於是給了我些許求職的建議，語末她提及自己曾經走過那趟意猶未盡的歐洲行程——西班牙朝聖之路。

事隔多年，忙碌工作以及業務不斷增加，使得我漸漸忘卻朋友當時離別前的話語，日常工作確實給我物質上的安穩，但隨著時間拉長，我內心彷彿被數條繩索牢牢綑綁似地難以呼吸，我並沒有如外表般的自由。

記得剩幾天就暑假了，我教的中途班學生多數順利畢業，遞出辭呈那天，我只知道我得出國，對於此行的目的地，當下的我依然無法決定，某天無意中從書堆裡突然看到一位朋友贈予的書籍，內容在講述行經這條道路的體驗與收穫，讓我下定決心踏上朝聖的旅程。

此書希望能分享給那些遭遇困頓迷惘的人們，人生的遭遇不論好壞，都有其存在的價值，生命有其巧妙安排，試著跨出自己的舒適圈，嘗試那些不曾體驗的事物，大口吸著不同以往的空氣。相信自己！勇敢地活出自己想要的生活。我由衷地期盼你們可以在書本中找到共鳴。

目錄

機票有問題

六月底正好是學期的尾聲，學員輔導的工作僅剩下個案資料的統整，我放下心中的大石提出辭呈後，開始做相關的準備，機票有包含來回，回程時間特地挑了我的生日，當時我搭客運抵達轉運站後，還首次搭了機場捷運線，到機場櫃檯報到時，地勤人員向我拿取護照。

「我沒辦法給你機票！」地勤人員查看電腦後對我說。

「蛤？」我當下不知所措。

「你要給我一份切結書。」她接續說道。

「什麼意思？」

「歐洲有申根簽證，不過你在一個國家不能待超過半年，你的回程票開在一月分，這期間已經超過半年，所以沒辦法給你票喔。」她精準專業地回答。

我愣在那心裡暗想，那當初怎麼會在賣票時，讓我可以選超過半年後的回程日期？

「那我可以給你從西班牙飛去其他國家的機票嗎？讓我可以在簽證結束前離開西班

牙。」

「可以。」

我隨卽在櫃檯前用手機訂了一張最便宜的機票，心想反正飛去英國沒多少錢，剛好不久前我有看過文章敍述著英國打工的經歷，沒想到後來我還眞的搭上飛機去了英國，不過這也是之後的故事了。

此次飛行歷經香港和杜哈兩次的轉機，才抵達目的地西班牙巴賽隆納機場，其實我在出發前只訂了第一天的住宿，到機場後我在一旁找櫃檯先買一個月的手機通訊卡，要先取得網路比較方便訂房跟查看地圖資訊，當時想說能入境卽可，畢竟之後的行程根本不確定。但眞正挑戰其實才剛開始，我走出大廳，想找尋如何進入市區的地鐵，後來發現地鐵其實在另一個航廈，我一時也找不到從我這個航廈去另一個航廈的交通，我看到地勤人員就很開心地上前詢問，我說著英文，那位穿地勤 polo 衫的員工卻用我聽不懂的西班牙文回覆我，配合他的肢體我知道他最後一句的意思是我不會講西文他無法幫我，他便逕自走開。我繼續嘗試著用手機網路搜尋，但手機依然還沒連到網路，我往前走看到有輛巴士，門還開著，我走了上去，發現滿車的外國遊客。

「Terminal-1? Metro?」我用英文詢問。

「yes!」其中一位乘客熱心地回答。

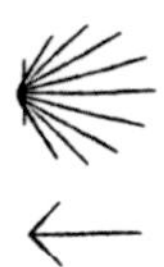

「Ticket? Money?」我接著問。

「Free!」

「Ok. Thank you!」我開心地找個位置坐下來。

事後我才理解，機場航廈之間本來就有提供接駁車，哈！沒事先做功課。Anyway 這樣才是旅行啊。

地理老師

故事從這裡開始，決定要出發前往法國南端的聖祥庇德波特(Saint Jean Piet de Port，簡稱 S.J.P.P.)的前一晚，我住在潘普洛納 (Pamplona)的一間私立的庇護所，選了間便宜的十人房，當天晚上室友只有兩位，一位是帶我去酒吧體驗在地文化的斯洛伐克人 Josef，巧的是他和我有相同的目標，也就是朝聖，由於假期關係，他計畫只走約一週的路程，打算接續自己前一次未完成的部分走下去；另一個人則是位畫家，對面餐廳請他在店外從事藝術創作，客人坐著用餐時可以隔著透明的玻璃欣賞他現場作畫，而另一方面也能吸引從旁經過的旅人，他把自己的油畫創作照片借我欣賞，同時向我透露自己是從南部北上潘普洛納，爺爺就是這裡出生的當地人，難怪他的作品主題有很多是關於牛，強烈的紅色使我至今仍難以忘懷。

隔天一早我和 Josef 比肩而坐，用著住處提供的餐點，當時還很早只有我跟他。

「我等等要出發，你呢？決定好了嗎？」Josef 喝了口馬克杯內咖啡後問道。

「其實我也不知道，可能多留一天。」我的內心對於未知的未來有點擔憂。

「祝你一切順利。」我接著說。

回到房間，我獨自坐在床上，把心情平靜下來，不一會，藝術家走了進來，敏銳地發現我所處的狀態。

「你怎麼啦？」關心的問道。

「我在思考要今天出發前往朝聖者辦公室，還是再多待一下。」我解釋道。

「你是個很有能量的人，不用急著出發，重點在體驗過程，內在比較重要。」得知我的猶豫後他說。

我最終擲了硬幣，鼓起勇氣決定按硬幣結果「今天出發」，我開始上網查如何到達車點，地圖上只顯示了車和站名，在交叉比對後我確定會停某一站，剛好離我不遠，退房後我背著後背包步行前往，抵達站牌等了一會，咦！對面不就是我要搭的那班車嗎？我著急過馬路，雙手一舉想讓司機看到，不料司機卻在胸前比了不能上車的手勢，路人對我講著西語並配著手勢想讓我理解，可惜半句我都聽不懂，不過大概知道要往前走一小段路才會有車站，不一會兒前方出現建築物，我順著指示搭乘手扶梯下去，就看到巴士總站及售票口，我買了票，當時還沒什麼乘客，就獨自一人坐在椅子上，隔著一層玻璃，我看到了一張亞洲面孔，當時我因爲怕尷尬沒有主動搭訕，不一會兒她走了出來，居然直接走向我。

「台灣人？」

「對啊，你是我在這遇到的第一位台灣人。」

「你也是要去走朝聖之路嗎？」

「是的。我要去朝聖者辦公室報到並領取朝聖者護照。」我剛說完車子就來了。

在異國碰到的這位同鄉她叫阿纖，上了車我們彷彿有種無形的默契似地前後而坐，蜿蜒的山路不時還能看見在走路的人及自行車經過，應該也是朝聖者吧，下了車還不是太適應，她帶著我前往朝聖者辦公室，由於辦公室尚未開始營業，我們便跟著人群等候著，繼續剛才的話題，分享雙方此次朝聖大概的目的，可以從中推斷同行與否，對我而言人生常常是緣分使然，阿纖有著超乎常人的纖細心思，辦理朝聖護照時，阿纖和我一同坐下，一位女性志工細心地講解，坦白說我聽不太懂，大多都是由她充當翻譯，順便幫我問了當地比較適合的朝聖者住宿，好讓我今晚有落腳處。

「這邊的扇貝是朝聖者的信物，你可以選一個你想要的，費用是隨喜捐，我已經有了。」等所有流程結束後，她向我介紹。

「那我要這個。」我拿著潔白的扇貝。

這就是她有別於一般人之處吧，對一個陌生人如此熱情地幫助。

「對了！你還沒吃吧？我們超市買點東西吃順便看有什麼可以明天帶上路當早

餐。」阿纖已經開始爲明天盤算了。我們選了麵包夾臘肉及醃火腿肉吃，原來她有很多歐洲的旅遊經驗，幸運有她，不然我很難想像當地食材如何搭配，她買了啤酒跟我說在歐洲很適合喝酒，當時我有些驚訝，可能是她身爲老師的身分，加上以往的我的教育背景中給我的刻板印象吧，她個人散發的溫暖氛圍，和突然說出的喝酒二字，有種奇妙的違和感。工作一整年的她，也終於熬到了暑假，現在正是釋放壓力的好時機。我們坐在石頭階梯上，前面可以看到河畔，不遠處還有人在水中嬉戲，一旁倒是來了情侶，手中提著兩瓶威士忌，我心中暗忖：「眞不愧是歐洲！Here I am.」

阿纖得知我的背包重量後，建議我明天的路程不要負重，因爲要穿過庇里牛斯山脈，須爬升一千公尺，之後下到平緩處才會抵達今晚的庇護所，她先領我去買了登山手杖，不過最後我眞的用不習慣，發現它可以掛東西後就變成了國旗桿。

約莫下午時段，只見床鋪躺著不少人在休息，可能都是在爲明早的行程做準備，我並不擔心，我對我的體力很有自信，不想那麼早休息，前方的座位就是我現在最好的選擇，我找了空位坐下，一旁的老人在吃著東西，我簡短地介紹自己後，我們聊起天來。

「我的女兒也是台灣人，我之前在台灣工作時收養的，那時我參加一項大型計畫，有待了一陣子。」法國老人非常開心地說。

「眞巧，你說參與的大型計劃是捷運工程嗎？當時好像有很多法國來的技術人員。」我轉述朋友 line 告知我的資訊。

「是啊。那時在台灣工作了一段時間，我現在已經退休了，所以才有時間從法國開始走，今天剛好滿一個月了。」他拿出一張結合地勢、距離及耗費時間的手繪紀錄。

「好詳細喔，一個月了！所以還要走一個月囉。」我很驚訝。

「是的，我都可以了，你一定也可以的，你還這麼年輕！」臉上露出得意的神情。

而我趕緊拿出我從台灣帶來的鳳梨酥與大家一起分享。

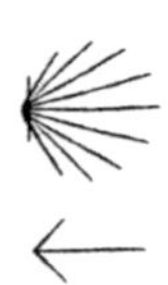

午餐後我與阿纖散步回住處

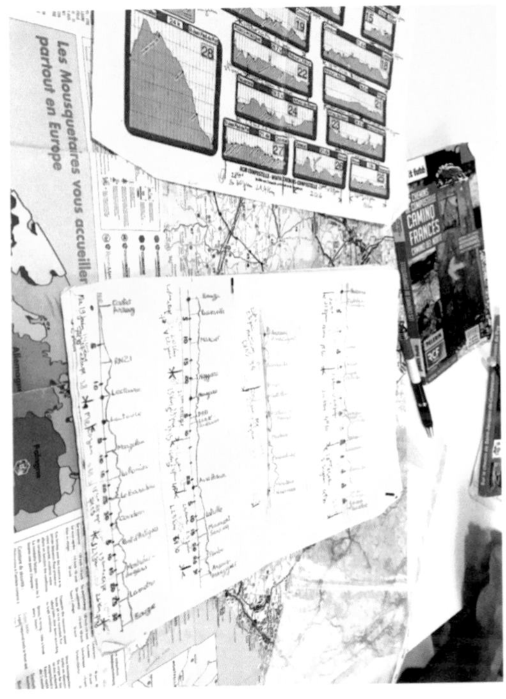

手繪的朝聖紀錄

晨間山景

天未亮時我已抵達約定點，不見人影，約五點半才見到朝聖者走來，是跟我同寢的韓國人，他說自己才剛結束寮國的行程，立馬就來這「朝聖」，仔細一問才知道原來他在三星工作，他說自己並不適合如此高壓的環境所以離職了，他因爲行程便先出發，向他道別後沒多久，我就在漆黑中看見阿纖小巧的身影，阿纖說她擔心吵到別人，所以等到有人起床後才敢起來梳洗。凌晨有下雨，地上還布滿小水窪，而月光照在我的臉上，當時很是寧靜，隨著太陽的升起，越來越多的朝聖者出現，越到頂峰不乏見到成群的綿羊、守在一旁的牧羊犬及望向他們的牧羊人，我和阿纖有著不同節奏，她讓我照自己的速度先走，就在抵達前的下坡段，我遇到了一位名叫 Leron 的荷蘭旅遊作家，他也從法國東部開始走，他邊走邊分享他的書籍以及他如何創作，不到中午我們便抵達龍塞斯瓦列斯(Roncesvalles)，他問我要不要再多走幾公里去下一個庇護所，畢竟這間床位很多，晚上睡覺會很吵，如果要可以幫我訂，不過我要等我的後背包，下午兩點會運到這，加上阿纖還在後頭，我便婉拒並感謝他的好意，隨意走走認識一下環境，找了張長

椅坐著，陽光就照在我的身上，心情很是輕快。

我生命中時常會接觸身心靈相關的人事物，有一句影響我很深的話：「看待事情的角度決定了事情的發展。」記得當初在台北的二樓咖啡廳，講者神采奕奕地述說著朝聖旅程的總總，過程中不忘提醒第一天翻越庇里牛斯山，對於初來乍到的朝聖新鮮人將是一大挑戰，不僅停頓的點要仔細斟酌，還要注意背包的重量及當天的體能狀況……等等。如今回想起來，我只記得我很專注地踏著每一次的步伐，一旁有著祥和的動物、植物及群山美景陪伴，沉浸在這種種的氛圍中，我開始感受到朝聖之路的魅力了。

AZTAKARRI
17,7 km
5 h
AZPEGI
ORREAGA
RONCESVALLES
8 km
2 h 15'
17 km
DONIBANE GARAZ
4 h 30'
Saint Jean Pied de Port
LEPOEDER
3,8 km
1 h

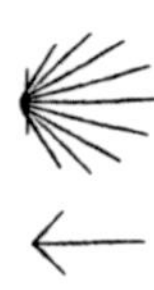

當時正值四年一度的世界盃足球賽事期間，我和阿纖在龍塞斯瓦列斯這裡唯二的餐廳中用餐，我隨意點了份套餐，後來我才知道這就是這條路特有的「朝聖者餐」，前菜我選了義大利麵，我知道身體需要點熱量，主餐有著整隻雞腿配薯條，這時來了之前有一面之緣的台灣兄弟倆，與我們示意後，就坐在我們的正對面，兩兄弟有著黝黑的皮膚，話語中不時透露出他們豐富的旅行經驗，大哥曾在義大利工作多年，辭職後雲遊南美洲，他曾在那待過一段時間，以西班牙文溝通絕非難事；弟弟也從事旅遊相關工作，趁著假期來與他會合，一起讓哥哥這趟漂泊數年的歷程以朝聖劃下美好的句點。餐後阿纖可能看我涉世未深，所以語重心長地叮嚀一些剛剛談話內容中對方提到使用毒品等的不正當行爲，儘管在旅遊期間還是要多留意，不要以身試法。不難看出來阿纖對我如親生孩子般。

此家庇護所能容納的人數衆多，也因爲如此參加朝聖晚餐的人接踵而來，同桌而坐的大家有著不同國籍，有獨自一人，有家庭攜伴，大家禮貌性的寒暄，當幾杯發酵的葡萄汁液下肚，大家好像多話了些，也很熱情地邀我喝，在這條路上我感受到大家除了有著共同的目的外，國籍膚色或種族這些世俗的分別好像不再是重點。

昨晚的路程我身體還沒有適應，醒來時已經六點！阿纖昨天與我相約六點逾時不候，還好到約定點時，那熟悉的背影還在，她與一對台灣夫婦正說著話，我打了招呼後與他們同行。休息時只見那大哥還貼心地備妥椅子，好讓另一半能稍作休息，並開始幫她按摩腿部因乳酸堆積而產生的酸痛點，他們就像愛情劇裡面才能看到的鴛鴦伴侶，不知道甚麼原因讓這對夫妻一起踏上這趟八百公里的朝聖之路，不過他們之間的有趣互動早已讓周遭的人很是羨慕。

提起精神後，我們繼續前行，過程大家相互介紹各自的背景及工作，佳興大哥夫婦倆在員林經營麵店，店中的辣醬都是自己親手拌炒，因此總是人滿爲患，大嫂也坦言很多人就是爲了那醬料而來，我也說出我的工作，我想著能走這趟朝聖是上天給我最好的禮物了吧，向他們述說著工作的過程時，回憶起我當初的情緒、表情與當時的話語，腦海中的畫面如電影般歷歷在目，之前忙於工作並沒有很花時間去了解自己，也因此後半時期直到離職，常會有種駐足不前的窒息感，身心眞的是需要平衡的。他們得知我的工作後，替我感到辛苦，而我也感謝他們讓我有機會再次與那段回憶對話。後來隨著各自步調的不同，我們就分開走，到路程的後半段時，我的肩胛開始異常地痠痛，我的背包太重，可能我還沉浸在剛剛談話的氛圍中，有種相似感湧上心頭，我突然驚覺，背包不就是我工作的縮影嗎？我會習慣性地把我能做的事情都攬在自己身上，工作時我一到五負責帶中途班，六日處理協會的民宿業務，有時連續好幾個禮拜都沒休息，甚至剛上班時我還會幫忙家裡的工作，我的內心有個擔憂，覺得要做點什麼才行，深怕因此而錯失

機會，擔心無法取得同事或上司的認同，但一個人的能量是有其限度的，適當地安排與分配才能發揮一個人的最大效能，在這個社會上，我們常常呈現能量過度透支的狀態，所以才會衍生出很多的問題，如思緒混亂、過度疲勞、家庭紛爭以及情緒議題，那更遑論想要人們擁有充滿創意和清楚決斷的心，我想適當地調整自己，清楚地觀察自身才是與人相處時的一帖良藥。

我先抵達平台的休息處，已經有兩三組朝聖者坐著休息，我吃著水果和些許的堅果等著阿纖的到來，我們約莫中午就抵達小村莊祖比里(Zubiri)，佳興大哥今天想在這停留，在阿纖的協助下，夫婦倆順利找到了合適的住處。太陽很大，我提議去玩水休息一下，剛踏進小鎮時有經過小溪，我下去踩踏著溪水，彷彿回到了童年時期，我心想應該可以用手抓到魚，便把手放進水中，水流徐徐地穿過我的皮膚，沁涼的觸感讓我暫時忘卻天氣的炎熱，我專注地觀察著魚，看著周圍的石頭和水中的環境，魚兒被我捧在手掌中，我如孩童般開心地展示給周遭的朋友看完後，便把魚兒放回到溪中讓牠能自在悠遊；讓我想到姜太公釣魚不需要魚餌，我也曾經拿竹子和簡單的魚線自製釣竿，假垂釣之名，行放空之實，看著魚在游的那種怡然自得感，身心十分放鬆。阿纖示意我該出發了，由於距離很近，約一個小時就抵達伊拉拉斯（Ilárraz），這裡是個小鎮，除了庇護所提供的朝聖餐外，只能吃一間雜貨店的微波食品，梳洗後我們相約在雜貨店一同晚餐，庭院中擺滿了各國的國旗，但大家只盯著螢幕看，深怕錯過進球的瞬間，坐我對面的委內瑞拉女孩很熱情地與我聊天，南美洲人的熱情果然不是胡亂說說，她與我同年，目前還在就讀音樂學院，主攻 Rap，我其實對南美洲一直抱有興趣，也問了她一些相關的問題，如達爾文進化論的契機——加拉巴哥群島、南美國際間交通方式等。隨著賽事終結，人潮迅速消退，阿織擔憂腳跟上的水泡，我有事先爬文研究過其他朝聖者處理的方式，便自告奮勇地幫她處理，藉由穿了線的針刺破水泡，線頭留在外邊，主要是讓裡面生成的組織液流出，再用人工皮隔開與鞋子之間的摩擦。

隔天的早晨阿織倒是遲到了一會兒，背包的重量彷彿還停留在我的肌肉記憶中，才走十公里就覺得特別累，今天會回到我之前待過一晚，因奔牛節而聞名的潘普洛納，阿織的計畫是停在下一個小鎮，我和她分享之前我的所見所聞，建議她可以留下。我們一同參觀了這裡的主教堂後，爬上了塔樓，意外發現，從外推的玻璃窗看出去，有種老舊鏡頭才有的斑駁感，使這城鎮美麗景致彷彿上了層濾鏡。我想靜下心來寧聽我內在的聲音，讓它領著我走，阿織看出我的沉默，在我旁邊坐了下來。

「我想留下來過夜，決定不往前走了。」她對我說。

「我剛剛丟硬幣決定往前走，我們先去你的庇護所吧，等你入住後我再繼續走。」我緩緩地說著。

等一切程序都完成，阿纖領我去市場樓上的超市，她才透漏她也來過這個城市，不過當天她很早抵達，要等下午的車去聖祥庇德波特，所以僅有一點時間稍微逛了一下，她細心地跟我說：「手不能摸水果，只要把要的數量跟種類跟人員說，攤販會幫你拿。」我試著挑了一些。她買喝的請我，我們坐在室外的斜坡上，看著人來人往，有種即將要別離的愁緒，我告訴她我們還會再見，她領我到主要的路線上，幫我調整我的後背包，有種被人照顧的安心感湧上心頭，當時的感激我並沒有說出口，便朝下一個城鎮前進。

朝聖者餐初體驗

塔樓窗外景緻

市場水果攤

奔跑

剛抵達落腳點，我便衝去淋浴間，這樣炎熱的溫度沖洗身體特別地舒爽，我一邊想著剛才種種，念頭閃現，我可以跑回潘普洛納，這樣就可以跟阿纖他們一起吃晚餐。於是我拿了需要的東西就慢跑回去，畢竟我的其中一個目標就是想在朝聖路上慢跑，阿纖沒有回應，我先去找台灣的夫婦，一旁的女大生一位正在講電話，一位正在朋友交談，她倆也都是台灣人，緣分這種事真難說，大夥得知我又跑回來，很是驚訝。「你是體力太多！」佳興大哥疲累地看著我。

我們一同前往市中心，選了一間餐廳，請女大生用西文幫我點餐，最後阿纖才趕到，台灣兄弟與大學生同桌，阿纖坐我旁邊面對著佳興大哥夫婦，佳興大哥講述著自己的人生故事，也提到為何決定要來走，準備了多久，他自己製作扇貝在上面還自己畫上鮮紅的十字。由於我還要再向前走一趟才能到，大家很貼心地提早結束，好讓我能在天黑前抵達住處。

凌晨時，我尿急起身廁所，突然看到一團黑黑的東西，我揉了揉眼睛仔細一瞧，居

然是刺蝟！我當下非常興奮，畢竟能如此竟距離的與牠相遇，也算是緣分吧，我躡手躡腳地上完廁所，深怕驚擾到牠。一早我獨自出發，路上偶爾才有零星的朝聖者，享受著朝露與那略帶濕潤感的空氣氛圍，畢竟太陽才剛升起不久，這一切讓我沉浸在自己的步履中，不過就在此時，一個聲音把我叫回現實，原來我走錯路了，一個韓國大叔好意地提醒我，我繞了回來跟在他的後面，路程開始爬坡，不一會幾戶住家出現，由於天才剛亮，只有一家店有開，這家店提供水煮蛋和一些法式麵包夾醃肉，我簡單地點了杯拿鐵配水煮蛋，看到隔壁的夫妻背著小孩走來，我很歡喜地做表情逗逗小孩，父母也開心地微笑，啟程後接連不斷的爬坡後，終於抵達寬恕之峰（Alto de Perdón），上頭有著朝聖者爲主題的裝置藝術品，隨卽而來的是讓我膝蓋不斷抖動的連續下坡道，如果施力不當會造成膝蓋過度負荷。中午抵達後，我找了間餐廳用餐，吃著漢堡透過玻璃看著門外來往的人們，不時還有人進來玩遊戲機台，應該是博奕性的遊戲，我早有耳聞西班牙的午休時間非常的充裕，這裡不同於台灣有便利商店還有冷氣吹，歐洲有的是各式的酒吧，人們緩慢地吃著午餐配著冰涼的啤酒。

偶遇刺蝟

寬恕之峰

紅酒泉

朝聖者的酒泉，由於途經西班牙的產酒區洛格羅尼奧（Logroño），貼心的 Bodegas Irache 酒廠每日提供新釀的紅酒及水讓朝聖者飲用，因此有朝聖者酒泉的美名，不過每天提供的量是固定的，晚點到可能就沒了，那時候我在意的並不是這個，而是我只要一踩地板就劇烈疼痛的左膝蓋，我喝了些紅酒，心想說不定會好一點，殊不知並沒有，勉強走到休息點，點了平時最愛的拿鐵，卻無心享用，只覺得疼痛，阿纖給了我肌肉鬆弛的藥吃，佳興大哥讓我試試看他帶的日本貼布，貼上膝蓋依然痛著。我試著把意念帶回到自身之中，心想不然來嘗試觀想，心中念著曾經接觸過的佛教心咒，配合觀想，對疼痛的注意力可以稍稍轉移，我很專注地觀想並持續走著，不一下子夥伴全都不見了，我進到城鎮，看見有空位的餐廳坐下來等他們，午餐時他們好奇地問：「剛看到你痛的臉色都發白，怎麼一下走這麼快？」

「我很專心地在走，過程中觀想。」我坦白說道。

隔天早上覺得疼痛更加嚴重，內心有個擔憂：「難道這會變成長期的傷害嗎？」，我問自己：「我該怎麼辦？」我想起之前曾經在靜心課程中體驗的放鬆，引導者說過「你能繃的多緊，就能放的多鬆。」隨著疼痛的來襲，我發現越是痛我的腿部確實越緊繃，邊走著邊有意識地提醒自己「放鬆」。隨著放鬆那些過度用力的腿部肌肉，原本行走時所產生的疼痛變得不太影響我。在這條朝聖之路上果然什麼事都可能發生，我想如果能抱持著一顆輕鬆且愉快的心，順著黃色箭頭的方向堅定向前，每個人或多或少都會有其相對應的收穫，我深信不疑。

免費提供的紅酒

夢與現實

雨從凌晨開始下，早晨起床時還飄著微雨，阿織、小彭以及小培打算搭公車，而我內心有點猶豫，佳興大哥跟老婆早就把裝備準備齊全，他提醒我，如果沒有鞋套，雨水會從腳踝流入鞋內，幾個小時的路程，腳如果都泡在濕透的襪子中，會長水泡，嚴重的話會無法繼續朝聖。我覺得猶豫的點是，我如果搭車，那我就沒有徒步走完全程，我過不去我自己內心的那關。我拿出我隨身的幸運幣一丟，正面朝上，決定搭車，當時我依舊不是很想這麼做，我告訴自己是我自己要用這種方式做決定，就試試看吧。搭車到下一站，我們有充足的時間，不用太早出發，還可以睡個回籠覺，我接連做了三個夢：第一個，朋友們不斷做些事情來爲難我，最後我才發現，原來今天是我生日，他們爲了要幫我慶生，所以設計那些事情；第二場景，我人在庇護所中清掃著環境，但不管我怎麼清潔，環境依然不斷衍生髒亂；最後一個夢，我等了好一陣子，終於見到我的國中的老師，她看著我的准考證並問道：「這兩年升學考試考得如何啊？記得趕快去辦理申請學校的流程。」我內心有股恐懼感，深怕來不及，對了！我可以找阿織陪我。小彭叫醒了

我，原來大家已經都收拾完行李在等我了，要一起參加星期日的彌撒活動。

神父和輔祭們儀式中的講經和唱詠聲，在教堂內迴盪，信眾無不沉浸其中，當其念到「哈利路亞」我整個起雞皮疙瘩，此次的彌撒經歷真的讓我印象深刻，或許是我人生中第一次參與彌撒的關係，更加奇妙的是過程中我不時有種熟悉感，神父對著盛聖水的銀杯念著禱詞，信徒排隊領聖體以及大家互道祝福，這和我曾經接觸過的大乘、密教與道教有諸多雷同處，雖然我不是天主教徒，結束後卻也有種說不出的愉快感，搭乘公車時，我好奇地問小彭：「你們天主教平日有早課嗎？」她拿出手機中電子版的經文，很仔細地跟我解釋，我才了解原來每天有不同的課題。到庇護所洗完澡後，我和打來的雲雲分享今早的所做的決定，還有夢中的故事。

「我覺得這代表我比較的心態以及喜歡把事情過度理想化。」我分析著。

「你的夢境好神奇啊！」雲雲興奮地說道。

「還好我把朝聖的步伐稍作調整，搭公車所多出來的時間，讓我可以欣賞城市和參加彌撒，很感謝我給了自己這樣的機會。」

「你都下定決心辭職去走了，哪裡還需要在意這些，下次我猶豫不決時，也要來丟一下硬幣。」雲雲鼓勵道。，

從小我就對神祕學、宗教、哲學及身心靈方面的事物特別地感興趣，根據我以往的

經驗，當我處於放鬆的狀態時，比較能觀察到那突如其來的訊息，不過奇妙的是，訊息常不合乎我的正常邏輯，有人稱之爲第六感，也有人認爲是巧合！

油條 churros

開始朝聖的前一晚我們並不認識，Léonore和我住在同一間庇護所，路途上偶爾遇到會問候之外，我對她不太了解，她有著超乎年齡的外貌和氣息，大多時間是一個人走。當時我們正坐在樹蔭下休憩，她獨自走了過來，就坐在我旁邊。

「這幾天走的狀況如何？」我關心地問她。

「我從法國東部出發，走了一個多月了，我已經很適應每天徒步。」

「那倒是眞的，我在聖翔彼德波特看到你時，原來當時妳已經走了好一段路程了。」（難怪當時她大多時間都在床鋪上休息）

「對了！你們如果要領錢，記得等下的城鎭先領，錯過的話，就要等幾天後才有了，因爲之後的都是小城鎭。」話題接近尾聲她突然提到。

「眞是太感謝你了，妳是我的天使。」我感激地說著。

「我昨天才在想，錢快沒了，需要領錢，還好她有說，不然我就沒錢用了。」我向同桌的大家補充。

每天會遇到的朝聖者非常的多，有些道早安，有些送上祝福，有些提出疑問，有些坐下攀談，有些邊走邊聊天，既然有這麼多的可能性和組合，她隨口講出的訊息和我所需的答案居然相吻合，這機率之低，使我選擇相信宇宙中有超乎我能想像的「存有」。

中午前我們抵達了城鎮，吃完午餐正在休息時，看著那隻剛剛不斷來跟我們要東西的大狗，一位女士叫了牠的名字，大狗很開心地在地上打滾著，前天和我在庇護所聊過天的法國母女正好出現，能再相遇讓我十分開心，在這條朝聖路上，大家的速度和路徑不見得相同，我們爲了方便連絡互加臉書，我立卽傳送給她們三人剛剛的合照慶祝這段特別的相遇。

這間庇護所提供的朝聖者餐，沙拉裡有螺旋麵拌著清爽的醬汁，略帶鹹味的鮪魚穿插其中，啜飲著紅酒，我們沉浸在愉悅的用餐氛圍中，剛剛路途中的疲憊、疼痛還有微雨侵襲，彷彿是好久以前的事，也被我們所淡忘。接近用餐尾聲，朝聖者們享受著甜食。有人談到家中的扶養問題，兄弟姊妹雖多，卻只剩其中一人在照顧。阿纖接著述說自己的無奈，也提到簽署放棄急救等議題；當下我想著我死亡的情景，身體無法執行基本功能，不能說話，移動最後失去聽力，而人們隨著時間流逝遺忘了這個我，當我想到卽將消失時內心有股恐懼的感覺湧上心頭，這是我從有記憶以來，面對無常時常出現的感受，對於當初年幼的我，沒有人能給我相關的解釋。隨著年紀的增長，我逐漸有著不

同的人生觀念，我了解到在宇宙的框架下，儘管這個意識流的稱呼很多，如：本性、意識、靈性、眞我等，然而這股能量卻是不滅的。

「此時此刻的場景我在夢中有見過，大家站的位子動作也都一模一樣。」正當我沉浸在自己的感受中，小彭站在桌角很興奮地對著我們說。

「眞的假的，那妳還記得其他的細節嗎？」語畢我感受到其他人的沉默。

「我記得人還又大概的位置，講的話好像也有印象……。」她補充說明。

「我之前也有做過類似的預知夢，不過大多是生活上發生的事。」這世界還有很多我不曾體驗也未曾知曉的部分。

抵達了大城市布爾戈斯(Burgos)後，大家登記入住並放好行李，我們去吃朝聖者推薦的中式 Buffet，而這也成了我們與阿纖的餞別餐，阿纖與她的學生有約，行程有點緊湊，感覺得出來她希望我們能夠繼續同行，當下大家的意見難以統合，我依序把明天大家所希望走的距離寫在紙條上，最終多數選擇早上先參觀教堂，下午才繼續徒步前往住宿點。回到住處，阿纖仔細地提醒我們要注意的地方，像是提前預定住處，中途休息處的安排，還有記得準備隔天早餐等……。

佳興夫婦、小彭及小培和我一起繞著城鎮，我們想找炸油條沾巧克力，當時可能還太早，店家大多還沒開始營業，我提議他們先回去住處，準備等下參觀教堂，而我找到後再通知他們，剛好前方有對情侶，於是我拿著照片詢問，他們讓我往河邊方向找找看，那裡有些市集及咖啡廳，後來無意間看到一張菜單，我從玻璃看進去，沒有看到人，一旁有一位婦人朝我走過來。

「你在找什麼？」她用西語問我。

「西班牙炸油條。」我邊說邊拿圖片給她看。

「這邊。」她搭配手勢說。

我跟隨她向前走了一段，轉角出現一間咖啡店。

「這間就是我覺得最好吃的西班牙炸油條，你等等吃了就知道。」她用著表情和生動的手勢讓我明白她所說。

「謝謝妳！還好有妳幫忙找。」我很感激地說。

我問了店員營業時間後，隨卽打電話給大家，酥軟的油條撒上細白糖衣，沾著微熱的巧克力，一口咬下陣陣香氣充滿整個鼻腔，確實很可口，讓我想起媽媽經常帶我去吃的中式油條。用完甜品和餐點，我趁機分享那位婦人協助我的經過，大家聽得很入神。

「我發現人跟人的互動，不是單靠語言文字，還有表情和肢體的參與。」我補充。

莊嚴的教堂有著極爲華麗的外觀，進入教堂，內部散發奪目的金屬光澤，陳列區擺放諸多儀式進行所需的器具，還有一些神父的長袍，相關主題的畫作，隨著不同的區

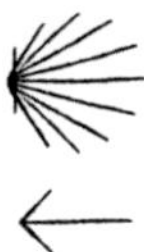

域，有不同的主題，儘管我非教徒，但仔細欣賞後，總有心曠神怡之感。結束參觀後，我與夥伴背上各自的行囊邁步出發。

法國來的朝聖者母女

女人與大狗

西班牙炸油條

布爾戈斯大教堂

西班牙風情

今天時間上很充裕，約十公里的路程，就會抵達住宿點。這是一間私立的庇護所，我們在門口找了空位，把後背包卸下。

「入住時間還沒到，你們可以在外邊稍等一下。」老爺爺很親切地對走出來的我們說。

「來！天氣很熱，這個飲料給你們先喝。」女主人熱情地把飲料遞給我們。

時間一到，排隊的人一個個依序進入，老爺爺和藹地講解設施：「這是床鋪的位置，廁所在那，我們有提供衛浴的用品，收費的方式採自由捐獻，所以不要有壓力，大廳內有免費的小零食，對了！明天我們會幫忙準備早餐。」他在對話中自然流露的情感，讓人很想繼續跟他相處。朝聖對於每個人的意義不盡不同，那些私人庇護所的擁有者，大多都走過這條道路，過程中的經歷對他們的人生有著重大啟發，進而希望當自己能力所及時，把一些地方空出來讓朝聖者可以過夜，我也曾遇過無人的攤車，上面擺滿水果、食物和飲品，有些甚至找不到捐獻的小盒子，我想這些自發性的付出有無收穫，

往往只有自己內心最清楚。

今天在卡斯楚赫里斯(Castrojeriz)過夜，我卻在最後十公里時開始腳痛，於是獨自脫離了隊伍，進城後走錯了路，我當下有點無助，身怕沒地方過夜，還好佳興大哥有打來。我只能繼續前進，直到抵達住處，我放下行囊，身體一瞬間整個輕盈了，深深覺得一切都值得了。洗完澡，泡著庇護所提供的茶包，坐了下來，住處的管理員還很親切地示範，巨大圓形的穀類麵包怎麼樣吃給我看，只見他拿鋸齒狀的長刀，切下他需要的大小，接著把橄欖油淋在麵包上，一口咬下，油脂的包覆感加上橄欖油冷壓萃取所產生的微微苦感，我一試就愛上。這時小培、小彭和大哥也與我同桌而坐，明天的行程是二十八公里，我內心清楚，走到後半段，可能腳又會有疼痛的情況發生，我告訴自己繼續走就會到。她們倆則是在查看法國的住宿，聽說法國很貴，而且有些區域龍蛇混雜，擔心會有錢財或生命的隱憂，我年紀稍長，會反射性地替她們未雨綢繆。我很清楚她們也有預算的限制，最後我從客觀的角度出發，告訴她們我覺得可能的情況及相對應的關係，讓她們想一想後再下決定，畢竟有時間、地點以及人的因素在其中，每個人會遇到的情況不盡相同，我自己也常稱之爲緣分。

今早走的途中阿纖突然打了電話來，原來是之前法國母女請我轉發的遺失物照片，東西是她同行朋友掉的，我心想這也太巧了吧，當時我只是想說把之前合照的檔案傳給法國母女。

「你有沒有掉東西？」法國母女在我傳照片時，突然問道。

「甚麼東西？」我一臉納悶。

「就是這袋物品，我只知道，上一次看到它時，是由一位台灣男生背著。」她解釋。

萬萬沒想到這袋遺失物就是阿纖與我們分開之後，認識的同行友人的，同時期出發走朝聖之路的台灣人不下三、四十人，竟然這麼剛好，我無法解釋這一切，只能說太神奇了。

這間在夫羅米斯塔(Frómista)小村莊的庇護所，居然還有經營民宿及餐廳，入住時還免費招待雞尾酒，朝聖者們因此能舒緩下一天累積的疲憊，庇護所的登記入住在另一個街區，需要往回走一段，由於我們抵達時間偏早，床位空位剩下很多，可以自己選擇合適的位置，輪到我和大哥洗澡時，女性夥伴正在外面使用流理台梳整，她們意外發現，澡堂的霧面玻璃可以很清楚地看見身形，這讓我發覺，生長文化背景的不同，確實會讓人對於一些事情的在意程度也有些不同，不過這反而是訓練尊重與包容的好時機。

那位一進門就十分熱情地與我們互動的 Antonio 是這裡的員工，當時明明已過了中午，他仍慢條斯理地整理服裝，刮去鬍鬚，噴上香水，讓我印象十分深刻，這是何等愜意的

西班牙風情，我當下的思緒彷彿回到久遠的前世，我感覺我坐在屋內煮著滾沸的泉水，四周清白的煙霧漫散著，品味著茶湯，窗外的景色明媚動人。

大家也一起參加民宿提供的朝聖者餐，前菜是麵包及紅酒，這些日子的生活下來，好像已經習慣這些食物，這時突然老闆拿出一大鐵鍋，只見這約有一個成人手臂寬的西班牙燉飯，上面布滿蝦子、蛤蜊、烏賊和貝殼類的海鮮，飯後還有特殊甜點，有別於常見的甜品蛋糕，在這裡是道地烈酒一杯。我瞬間回憶湧上心頭，還記得之前徒步走在尼泊爾加德滿都附近的步道，當時下起大雨，穿越林道間不時有水蛭的干擾，走到山凹處，已接近傍晚，對面山頭正是喜馬拉雅山群峰，景色美的令人瞬間忘卻了周圍曾經發生過大地震，後來環視四周所見房屋都是歪斜的。嚮導跟山屋的居民要了點酒，婦人自己釀造的，顏色有點像椰子汁，喝起來並不會太烈，不過卻得以緩解當時的痠痛。

愛心小攤車

牧羊人趕著羊群經過

朝聖者一起用餐

超大海鮮燉飯

初學鋼筆字

佳興大哥夫婦有自己的行程，因此與我們分道揚鑣，今後剩小彭、小培和我同行。我們的行程變得緩慢了起來，不到中午就抵達卡里昂康德斯(Carrión de los Condes)，小彭想先參觀教堂。這裡的建築物給我心靈沁涼的感受，寧靜感總是油然而生，我找了長椅坐下，享受一下這片刻的平靜，而小培和一位志工講起話來，這位志工在我打算要去的庇護所當志工，小培原本還在猶豫是否要選擇另一間住所。

「我叫馬力歐。」

「你好！我是東。很幸運遇見你！」

「我也很幸運。」他表情和藹。

「讓我帶你們過去吧，不過現在時間還沒到，你們可以先把行李放在大廳後稍作休息，等等我來帶你們。」

時間一到他準時地帶我們到辦公室，依序辦理登記入住。

「我知道一點中文。」他得知我們是台灣人後說道。

他優雅地用著鋼筆沾了墨水，寫了簡單的中文，並用英文解釋此字形，主要是在表達中文內象形、指示的運用。

「我也喜歡寫毛筆字，真是太開心能遇到你。」看著他我很興奮地說。

「你寫的字很漂亮喔。」他看著我手機中展示的照片。

「你的鋼筆字也很美。」我發自內心地說。

我當時正在整理東西，馬力歐突然出現，手裡拿著護具想讓我使用，原來是他得知我的膝蓋痛後，憂心我會不良於行，我則擔心借了後我無法還給他，再者我也不想依賴護具，他很熱情地向我解釋到這都是之前朝聖者留下或是有人布施的，讓我不要擔心。最後我還是委婉地感謝他的好意，他轉身離開，他的背影留給我一種天使在人間的感覺。

後來有機會又碰到，我大膽地向他提出教我鋼筆字的要求，他很親切地答應了，剛好當下有空閒的時間，他帶我找了張桌椅坐下，他先把標準的歐文書法的大寫依序寫了一遍給我，不久有修女需要協助於是他先離開，我則是繼續使用他從英國帶來的鋼筆及墨水練習寫著，不過他也告訴我，如果要練好字體可以先用鉛筆練習，比較好掌握到字體哪時該輕提哪時該用力壓。

今天因爲是加爾默羅山聖母(Our Lady of Mount Carme1)的紀念日，晚飯前鎮上有慶典，我也和大夥一同參加，儀式接近尾聲時，衆人抬著有聖母雕像的聖轎隨著隊伍遊行，轎子上布滿鮮花，很是莊嚴美麗，結束後大家一起回住處。

「儀式好玩嗎？」馬力歐問。

「滿有趣的，以前從沒參加過。」

「對了，我要把墨汁和筆還給你。」我接著說。

「好啊，等等我們一起拿回，我還有很多文件要拿，可以麻煩你跟我一起回去我現在的住處嗎？」

「當然好啊。」我很爽快地答應。

「東西你幫我放在那邊的桌上。」他提醒。

「這些都是我的畫作，不過我只能給你一張。」他拿了房間內的卡片讓我挑選。

「眞的很感謝！對了，你提到你是老師？是藝術類的嗎？」我好奇問道。

「不是，我在倫敦大學教埃及文學。」他回答。

「哇！我一直很想去，你能教我一些嗎？」

「好啊，我等等還有些時間，約在庇護所。」馬力歐毫不猶豫地回答。

「那我先回去囉！」

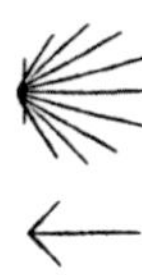

馬力歐抵達庇護所之後，使用紙張和筆開始跟我說埃及文字的造字原理，符號除了形狀外，有些還有組合之後產生的意思，他拿圖坦卡門做例子，儘管整段談話都是英文，但在他的肢體及繪畫的輔助下，卻讓我可以瞭解其中的奧祕。這時小彭走了過來，她得知馬力歐的專長後也很興奮，原來埃及也是她的旅行名單之一，接近教學尾聲，我告訴他之後我也會去英國，如果到時有機會希望我們能再見一面，他知道明天我們很早就會出發無法再見面，對我們送上祝福並希望我們朝聖一路順風。可能是剛的課程太有趣的關係，我完全沒有留意已經到了晚餐時間，我負責把午餐剩下的食材煮成晚餐。路上認識的巴西母女與我們同桌，我們互相分享著彼此的食物，我並不太會講葡萄牙文，而且對巴西印象較深的是很大的基督像俯視著整個城鎮。我說著英文同時攤開雙手配上自信的微笑，模仿著基督像給她們看。

「是（Si）！是（Si）！那非常有名。」她們笑了出來。我們開心地聊著朝聖之路的經歷，互相分享有趣的部分，沒有人想提早離開。

鋼筆跟墨水

巴西來的朝聖者

讓人驚豔的波蘭人

我們走在麥田中央的小徑，這段路之所以困難，是因爲要連續走十六點八公里毫無遮避的路段，中間並無任何的村落，屈指可數的小樹，想也知道無法遮擋強烈的陽光照射，值得慶幸的是今天天公作美，晴空萬里，不然萬一下起雷陣雨，我們可能就無處可躲了。沿途我們各自分享自己的故事，我想起了那次在印度火車上的經歷，印度的鐵路車票，如果要臨櫃購買很難搶到，他們是 IT 大國，只要預先取得國家鐵路的帳號會方便許多，時常可以看見當地人用手機訂票，記得那次，我和剩下的旅伴——穆穆，一起買了票，不料卻是候補，根據我們以往的經驗，睡鋪有時候補到一百多號都還可以有位置，這次是候補七和八，我們卻遲遲等不到位置，我們問了當時正在開會的車長和站務人員他們都說沒問題，就算沒有候補到也會變成站票。隨著列車進站，我們逕自找沒人的床位休息，就這樣過了好幾個小時，一位查票人員開始查我們車廂，得知我們只有候補後，硬是要讓我們下車，說那不是票，我告知他月台人員以及當時的職員說還是可以上車，穆穆這時整個大爆炸，她用簡單的英文配上表情表示她的憤怒，我則用眼神像鄰座的當地人示意求救，還好在好心人的幫助下，列車長最後同意讓我們繼續搭車，不過有個條件，那就是我們只能擁有一個位置，所以我們兩人個就只能擠在一個單人的睡鋪上二十八個小時，由於寬度的關係，我們休息時她的頭旁邊就是我的腳，而我亦然。說著說著就看到了不遠處的屋舍，一點一點的出現。

今天的小城鎮與昨天的城市確實無法比較，木頭的床鋪，翻動時不時會發出聲音，儘管動作已經很小了，還是很難避免吵到別人，公共設備也相對簡易，洗澡時夥伴們說出了自己內心的落差感，而在一旁的我雖然聽著她們的對話，但內心隨著溫暖的熱水流過背部及整的身體，感覺很幸福，原本的疲憊感瞬間消逝，當時只覺得一切都不再重要，或許這是今天努力完成預期目標後的另類收穫吧！用完餐我獨自走上山坡上的老教堂，大門緊閉外人不得進入，我卻意外發現樹下有張長椅，坐在那能把這只有幾戶的小鎮盡收眼底，我靜心問了問自己是否還要和夥伴繼續結伴，還是自己走？答案仍舊未明。我徐徐地走回住處，一位波蘭人用中文和我打招呼，他說他主修漢語，厲害的是才短短一年的時間，卻已經可以和我對話，可見他花了滿多時間和精力在學習語言，他也透露他的其中一位老師就是台灣人。他的朋友正在爲他煮晚餐，他也把我介紹給他的朋友，讓我們互相認識彼此，我們三人就在廚房聊起了喜歡的明星和電影，他很喜歡鞏俐，尤其是那部「大紅燈籠高高掛」。晚餐後他說他期望能有和我聊天的機會，我們就

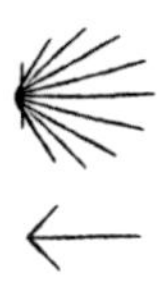

在室內的客廳繼續聊著，當然我也趁機跟他學了一點波蘭語，這時他提到他有認識台灣的朋友，今天也住在這個小鎮，不過是別間庇護所，我想起早上突然閃過的台灣朋友們，那時心裡還在想不知道他們走到哪了，後來一問之下居然就是我之前路上認識的朋友們，我稍早才想到他們，眞是太剛好了。

小彭的腳再次痛得她無法走，我們抵達小鎮一找到合適的庇護所就先讓她把背包放下，我顧著背包等待排隊入住，讓小培先陪她去找醫療站。好心居民帶她們前往，不過今天並沒有醫療人員在場，原來這裡鄰近的幾個小鎮醫療服務是採用輪流的方式。我和小培有點擔心她，還得要顧及到她個人想法，討論後由我負責告知小彭：「我覺得可以考慮使用後背包的寄送服務，只要我們先決定好明天要停的城鎮，塡好單據卽可。當然妳要付約五歐元的費用，這樣明天的路程妳就可以不用背著沉甸甸的行囊，腳的負擔就會減輕不少。」小彭欣然答應。約莫四點，台灣的朋友阿凱、阿廷及圓圓抵達，我很開心地和他們打招呼，畢竟能在路上相遇，靠的眞的是緣分。這間庇護所採自由捐獻，不少人慕名而來，志工只負責登記，解說一些住宿須知，至於費用你可以隨喜，旁邊有一個用英文寫著捐獻的小箱，讓你隨時都可以放入。那時我正喝著紅酒，圓圓向我走了過來，就坐在我對面，圓圓她有著冷冽俐落的氣場，之前相遇時大多時間我都是與阿凱和阿廷閒聊，簡短的寒暄後，我得知她有養貓，興奮地與他分享「我的兩隻貓睡姿全然不同，一個是水瓶座一個是天蠍座，我認爲動物也是有不同的個性的，就像人一樣。」

「貓咪的個性很難猜測的。」她也贊同地說道。就在她得知一旁的小彭腳痛後，馬上跑去拿運動貼布並教她怎麼使用，同行的兩個夥伴很是驚訝，覺得這熱心的舉動跟她的外表搭不起來。常常我們去評斷人事物時，並非用眞心去觀察，而是帶著自身以往的生命經驗，其實看人不能單單看表象就先入爲主地論斷。

我們一起準備餐點

來自波蘭的朝聖者

馬殺雞

一早離開時，志工們紛紛送上擁抱和祝福，小彭大讚這間獨樹一格的庇護所，滿滿的服務讓我們宛如置身飯店。我們走在筆直的大道上，三個人並排前進，只差沒在腳上綁上繩子，默契可好了！話題突然提到手機裡面的歌曲，他們得知我裡面只有一首金剛經後，並沒有如我預想的那樣覺得我很奇怪，反而硬是要求我放出來聽，果不其然他們並沒有很有興趣，這時小培問起心經，在台灣的社會中是很常出現的經典，我把我理解的重點以他們能懂的話語講述給她們聽，至於收穫如何就有待每個人從生活中去體會。可能是少去背包沉重負荷的關係，小彭今天的心情特別好，她開心地提到如果有機會想要馬殺雞，不過一路走來倒是沒有遇到過，大夥開始回想發現確實如此。我則是回憶起印度旅行的插曲，那時我未能如願見到在網上相約要一起同行的夥伴，從粉紅城正要隻身前往極富歷史性的城市瓦拉納西，當時那趟旅程最重要的目的是想一探恆河的風采，我初次搭上印度的火車，車票還是當地人教我買的，從進出口處彎進車廂，我被滿車的乘客嚇到，連行李架上都有坐人，人數太多我無法再往內擠，只好放下後背包站立在門

邊，如果有人要上廁所，通過時會踩到我的腳，過了好幾站，我心想這樣不行，車程接近十小時總不能全程都用站的吧。我往前一探剛好看到有兩個外國旅客，她們很熱情地回應我並移了位置讓我坐下，原來她們從西班牙過來，一位曾經來過印度，另一位較年輕的女士則是第一次來，就在他們得知我的目的地後，詢問我要不要一起去阿格拉，約四小時會到我也不用擠這麼久，而且那裡能看到蒙兀兒王朝已故皇后的陵寢——泰姬瑪哈陵，腦中閃過一位長輩的話語：「對於此行，如果有人邀約你，可以試試看！記得輕裝上陣。」後來我便加入了他們的行列，由於她們下個點也是我本來要去的瓦拉納西，我們便同行了幾天，可能我獨自旅行加上年紀輕輕的關係，她們待我如家人一般，住宿交通都由他們處理，記得當時剛剛抵達瓦拉納西，她們帶我到住處並對我說：「你會喜歡這的。」這是一間很有特色的青年旅館，隨著當地時節變化，會舉辦不同的活動，費用平易近人，而我也參加了當地人帶領的印度廟宇導覽，說明入廟前擺放拖鞋的規矩，以及一些給小費需注意的事項，至今我仍然記得旅館的店名。下午她們要去馬殺雞，讓我一個人逛著，我先去看了燒屍，過程有人來搭話，謊稱自己爲德蕾莎修女機構的志工要幫機構募款，當時我涉世未深，他的幾句話語加上眼前在烈火中不斷消逝的衆生身軀，我頓時覺得有點悲傷，便給了他一些錢。離開後我仍然對於這件事有點疙瘩，貌似受騙的感覺不太好，情緒低落加上在這淩亂且巷弄紛亂的街道中，我迷了路，還好最終找到警察問路才走了出來，攔了嘟嘟車(印度常見的三輪交通工具)回到住處，一個人坐在天臺，平復心情，突然有位英國人出現，他關心地問我還好嗎？我和他說了剛剛發生的故事，述說的過程中情緒感覺好多了，他給我一種似曾相識的熟悉感，當時覺得很奇妙，宇宙在我需要時總會有其安排，現在回想起來也別有一番風味。

夥伴邊走邊聽我述說著印度的故事，應是輕鬆的氛圍驅使吧，不到中午我們就抵達庇護所，我排在她們的前面，率先登記入住，我才剛坐下，桌上的表單竟然就是馬殺雞！會不會太剛好，等到她倆放下背包，我迫不及待地對她們說：「我剛看到有隨喜的馬殺雞。」「我剛看到門框上沿處有人抄寫心經。」小培一臉不可思議，當時我想起了朋友說過的話：「訊息就在那裡，只是我們沒有用心去發現。」

下午我獨自走進當地的教堂，安靜地坐在抛光過的長椅上，起初不太適應老是踢到前方的長型木條，後來小彭才解釋到橫木條的功能是讓信徒跪拜禱告用，四周涼爽的溫度讓我安靜下來，禮拜的人潮來來去去，誰都不會隨意去打擾他人感受這片刻，也許這是一種氛圍下所形成的默契吧，時間彷彿一溜煙藏匿了起來。回過神來，眼前的人們突然變多，原來是到了彌撒的時段。接近結尾時，在場的人們互道祝福，而我則用自己喜歡的語言「平安」二字，回應大家的祝福，我喜歡那種人與人之間良善的關聯感，儘管我不是他們的教徒。

天使般的志工

生命專注實行一件事情，心無旁騖且持續地去執行總能有所收穫，朝聖這件事情也是，當時我踏上這條路已有三個禮拜，我很享受只專心做一件事情的感覺，縱使內心不時出現過去往事以及對未來的想像，那又如何，不踏出當下的每一腳步，都還是未知數，彷彿全世界都不再重要，就這樣我跟著自己的步伐，沒刻意等夥伴，直到進城前，夥伴們追了上來。

「你是不是在生氣，我好像有時候對你太兇了。」小培向我解釋。

「你有這樣覺得，那你沒有好好反省阿（略帶玩笑的口氣），有些星座反而會對熟悉的人比較兇，但其實那是在撒嬌（我想起了我的姊姊）。」我望向她的眼眸。

「不然你爲甚麼走這麼快。」小彭也接著問。

「我其實很喜歡一個人安靜的氛圍，這次的朝聖我希望能多點時間跟自己相處。」

就這樣我們抵達了萊昂（León），時間還早我們等待庇護所開放也順便稍作休息，小彭詢問了目前背包的運送狀況，結果仍然還沒有送到，那天使用寄送的服務，居然送錯地點，而一問之下背包居然還在昨天我們的城鎮，感覺得出小彭的憂心，原來那裡面有不少的現金，我直覺會沒事，但在那樣的氛圍下，她很難冷靜，我理性地分析，讓她知道其實情況並不如她想的那麼糟。

畢竟這是大城鎮，我們搭著公車前往大型購物商場，裡面有提供吃到飽的中式自助餐點，感覺到小彭也轉換了心境，很享受這頓難得的美味餐點。吃完大餐在公車站，我們在明明連走路都有困難的情況下，看到公車要開走，本能似地跑了起來，腎上腺素爆發，最終順利追上，事後我們都很驚訝，可見人擁有無可限量的潛能，所以千萬不要妄自菲薄，勇於嘗試，突破自我，花些時間跟自己相處與自己對話，愛自己。

午餐吃得太豐盛，想說晚餐隨便吃配杯飲料就解決，於是小培讓我與她一起去買巧克力牛奶，我也順便能買些東西當明天的早餐，正當我在紅酒區及果汁區猶豫不決時，小培表示她能陪我喝酒，這次我買了白葡萄酒試試，早餐的長桌當時還有兩位朝聖者，一位是喜愛攝影的比利時老先生，後來一聊才發現，原來他也認識另一位台灣朝聖者，記得那時快進城鎮，那位台灣朋友，很熱情的和一位老先生打招呼，現在回想起來不就是眼前這位，真巧！另一位委內瑞拉籍廚師，他在西班牙東部工作，趁著假期，騎行腳踏車朝聖，據他所說，約一週可以完成八百公里的騎行，可能是喝了幾杯我幫他倒的白酒，他滔滔不絕地分享起他的經歷，我一直很好奇西班牙燉飯的祕訣便趁這時請教了

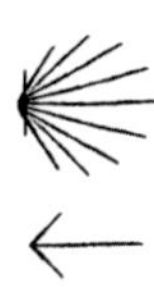

他，他也不私藏地透露給我，這時酒也喝完了，他提議要出去走走，邀我們一起去，穿過磚砌的街道及小巧的公園，他帶我們抵達酒吧，這時我才理解出去走走原來是續攤！他很盡責的介紹當地的下酒菜（Tapas）以及其中的差別在哪，如何料理製作……等等，他甚至還大方請客，當然充當翻譯的小培功不可沒，才能讓我體驗旅行中的美好時光。

回來的途中遇到剛從教堂回來的小彭，她原本想請我們帶她去超市買些東西。

「冰箱還有巧克力牛奶，妳想要可以喝。」小培突然想到。

「好啊，那就回去吃。」小彭說。

我們一起往回走，就在快到時，幫我們辦理入住登記的志工正在招呼住客，原來是有位朝聖者舉辦了夜間祝禱，我們一起進了一個空間，大家一起念禱詞，稍後進到教堂內部大家一起接受祝福並唱起聖歌。當時已經熄燈，我坐在房外的椅子上正寫著日記，一旁走來幾天前曾與我們同桌吃飯的西班牙人，記得當時透過巴西的朋友介紹認識，算是有過一面之緣，他說他長針眼，正在猶豫要不要多停留一天，我和他分享幾個禮拜前有天下雨我們搭公車的經歷，以爲休息就是認輸不夠優秀，但其實聽聽自己內心的聲音反而有所收穫，我覺得休息有時是爲了走更長遠的路，跟自己的身體對話吧！

這間庇護所提供草莓、奶油及柑橘類果醬讓人搭配切片的法國麵包，飲品有茶、咖啡及牛奶，當然他們是用摩卡壺煮出接近義式濃縮口感的咖啡，你能自己決定要不要再加上牛奶，這讓我想起我之前爲了練習拉花，就是用摩卡壺萃取咖啡，奶泡的製作，是需要先將牛奶加熱至適當溫度，再用濾網把空氣打入使得牛奶發泡，雖然可以拉但是由於缺少咖啡油脂，我得把奶泡發得更加硬厚，不然就會犧牲拉出來的線條美感，當然有時候懶得打發，我會直接加入牛奶，而歐洲人居然也是這樣喝的，我還一直以爲我這樣做法怪怪的。可見不管是大衆還是小衆，重點是適不適合自己，我想這才是最重要的。

按照規矩，吃完早餐我們就得要退房，公立的庇護所並不會讓人住兩天，每天都有新的朝聖者抵達，大家都走了那麼遠的路，如果有人多住一天，相對少了床位。我借用了廁所，現在我們已經退房了，要有人員帶我去廁所，他會在門外等候。下來時看見志工們和修女正在和夥伴聊天，小培看我一臉聽不懂，貼心地向我解釋，原來修女得知小彭遺失後背包的事後深表同情，加上修女擔心她腳的疼痛問題，願意讓我們多待一天，小彭說：「他們是天使。」，我也認爲這話很貼切，不求回報地花費自己的時間來服務他人。

起初連負責運送的物流公司也不是很清楚背包送去哪了，問了很多人，花了心力和時間小彭才順利取回背包。現在回想起來，有時危機就是轉機，昨晚還在討論要再待一晚的住宿問題怎麼處理，如果換別間庇護所他們會答應嗎？昨天我們的朝聖護照就已經蓋了這城市的印章，這樣入住登記人員看到後，會讓我們再待一天嗎……？不過現在看

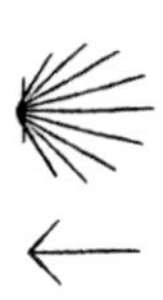

來絲毫不費功夫就解決了，還能有幸認識這群天使般的志工。

抵達住所放下背包後我先淋浴沖洗，這裡的氣候偏冷，溫暖的熱水流經身體感覺特別放鬆，沖掉身體髒污的過程中，我也獲得滿滿能量。因為我只帶了兩套衣服做替換，因此每天我都需要手洗衣服，不然我得再穿一次髒衣服。一邊搓揉著衣物，思緒回到了我們剛認識的片段場景，以及路上發生的事情，有些旅伴與人有約或者有自己的進度，所以到現在剩下小培和小彭與我結伴，或許一切都有其安排吧，人事物一切都如電影場景般依序出現在我的生命中，今天剛好是出發的第二十一天，我想這也是一個很好的時間點，可以思索一下自己這些日子來的感受和心境，問問自己哪些地方是我可以再做的更好的，過程中內心感覺相較剛開始時，已經更加充實富足。

下午我覺得有點累，討論完行程後她們去參觀教堂，而我則是在庇護所躺著休息，享受這難得的放假日，後來在門口又遇到小彭，她邀我一起參加傍晚彌撒。

「我現在感覺有精神多了。」我難以置信地說道。

「有時候我感冒或身體不舒服去趟教堂也會有用，很神奇。」小彭開心地分享。

「對了你要去買明信片嗎？我剛剛有去紀念品店，一個小飾品很吸引我的注意，我們來的路上不是有指示碑，上面有朝聖的黃色箭頭指引方向，以及信物扇貝的符號。」

「可以啊，不如我們再去看看，我也剛好可以看看有什麼可以買的。」

這間店面在主教堂的前方，我們進去時已經有幾位顧客在挑選，店雖然不大不過應有盡有，小彭很興奮地拿路途上不斷出現的黃色箭頭路標飾品展示給我看，小巧可愛很適合拿來當作拍照時的小物件。

今天晚餐我們講好不煮，所以各自解決，我從早上就一直很想吃漢堡王，不過有鑒於上次隨便指個餐號，結果來了個不合口味的漢堡，記得那顆漢堡中間夾著多力多茲卻因醬料關係變軟爛，導致口感不是太好。此次我先走進去看了在收銀台後方的電子菜單，當下沒看到很吸引我的，最後想起剛剛好像在外面有一個看板寫著買一送一，於是我用照片成功的點了餐，我想只要願意去嘗試總會有屬於自己的解決辦法的，誰說一定要會當地的語言才能去那國家旅行，沒有人一出生就會所有的事情，重點是謙虛學習的態度以及勇於嘗試的心。

晚上躺在上鋪的床上，周圍都是朝聖者，我突然覺得我們的語言邏輯可能有些不同，那如果同樣看到一隻貓，先不論看到的角度方位，就語言來呈現，他們用自己的語言所以每個人的思想和背景記憶不盡相同，唯一相同的是當下真實的心，我們原來相同的本質。

箭頭和扇貝意象的縮小路標

來煮一鍋飯吧

今天住在這間 San Martin 命名的公立庇護所內，一位老先生擔任這裡的管理人，吃完午餐後，我坐在餐桌上享用著剩餘的紅酒，是有名的里歐哈(La Rioja)產區所生產的，礙於重量我買了五百毫升的款式，向兩位夥伴提到這裡提供的晚餐是採自由捐獻，我很好奇會吃什麼。

「小彭你能用西文幫我問問嗎？」

「不要啦，這樣有點尷尬，你自己問。」小彭回道。

我走了過去，老先生正在切雞肉，我先是在一旁觀看，後來剛好有人要入住，他讓我幫忙處理弄到一半的雞肉，回來後看他把油燒熱，緊接著倒入番茄醬燉煮醬汁，最後再加入雞肉，我在一旁繼續切辛香料及一些生菜。

「你是廚師？」老先生隨口問道。

「不是啦，有點興趣。」

「這給你煮。」他手拿一袋食材。

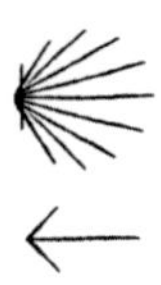

「西班牙燉飯?白飯?」我不太明白老爺爺的意思。

我回房找小彭，第一時間沒找到她，還好這時有另一位朝聖者幫忙翻譯，原來老先生知道我從東方的國度來，希望我煮一鍋米飯，不過是用鍋子煮，這我倒是第一次嘗試，只好硬著頭皮上了，這時小彭走了進來，那位朝聖者教她怎麼切菜。

「我第一次切菜，我在台灣不太需要進廚房的。」小彭很開心地對我說。

「你是說連切水果都不用嗎?」我有點驚訝。

「不用，我媽媽會幫忙準備好。」

「哇!那會是不錯的經驗。」我說道。

在大家的合作下，很快就完成了一桌菜，管理人提供紅酒和啤酒讓大家免費喝，好不熱鬧呀!整個長桌都是人，大家簡短地介紹自己後開始聊著各自的經歷，坐我旁邊的是一位韓國歷史系大三的學生，對面則是從匈牙利來的朝聖者，仔細一問原來她的工作在幫人家馬殺雞，我靈機一動，問她能否教教我的朋友一些關於腿部疼痛舒緩的按摩手法，她很大方的答應，並教了夥伴們一些舒緩的方法，最後她提到:「要記得聆聽自己的身體，適當地安排與休息。」

愛你們喔

邀請我幫忙煮飯的
管理人

我和管理人替朝聖者所
準備的餐點

參加慶典

時間很快地來到七月二十五日，徒步的過程中經過一個小攤，裡面的主人穿著中古世紀的鎧甲，一旁的木桿上則是站著一隻活生生的老鷹讓我很是新奇，那位主人雖然有些年紀，解釋著如何讓老鷹站在手上的一些注意事項時卻精神抖擻，最後離開前他提到，今天鎮上會有活動，在入住的過程中，有位年輕的女性來問有無提供無線網路，志工說這沒有提供，她便轉身走人，不過當我一踏進主要建築後我明白一切都值得，公共空間有一座歷史感十足的壁爐，旁邊有一把木吉他裝飾，讓我最喜愛的是公園般大的曬衣場，這裡有特別提供下午茶點心的時段，我並沒有參加而是獨自坐在一旁發呆，看著母貓和小貓們正在玩耍著。對了！這的瓦斯爐要用長長的火柴才能點著，那時我正吃著熱好的西班牙烘蛋配上法國麵包切片，志工叫我趕緊出去。

「碟子還沒洗。」我用手指著。

「等等再洗，慶典開始了快去吧。」志工說。

外頭傳來手風琴悠揚的樂聲，兩大桌滿滿的佳餚有派、麵包、Tapas、培根、醃製的

肉片、飲料及酒等，原來今天是聖雅各的慶日，聖雅各是耶穌的門徒其中之一，我們此行就是九世紀時聖雅各的遺骸被發現後，越來越多信徒前往瞻仰而誕生的朝聖之路。而這對這個城鎮的人來說，是極爲重要的日子，居民及神職人員都會事先準備食物與鎮上的大家一同分享，當然也包括因朝聖而路過的我們，當地的居民很熱情地叫我不要客氣讓我多吃一點。

今天越過山坡後抵達山脊處，會有一個著名的景點——鐵十字，我們天未亮就從山下出發，到山頂後起了霧，正東升的太陽微漫的光芒照在我和其他朝聖者的臉上，這彷彿是天界才有的景緻，也提醒了我該吃早餐了，有些朝聖者睡眼惺忪地吃著庇護所提供的早餐，我們選擇了其中一家，坐在店門外類似騎樓的空間，放下的背包被露水微微沾濕，我到現在還懷念著那咖啡加牛奶的滋味，吃完早餐意外發現這間店還有販賣一些紀念品，這家店結合了餐廳和雜貨店的功能，最終我買了一瓶紅酒，打算在鐵十字前喝，這個景點之所以這麼有名是因爲人們來到這，可以把想寫的話寫在石頭或是任何合適的物件上，等到抵達鐵十字時把它留在這，象徵著跟過去的自己道別，當時的我突然想買瓶紅酒，我覺得我可以留下紅酒空瓶，爲了達到這個目標我可是邊走邊喝，我知道不見得要藉這種方式來和過去的自己道別，我認爲這其實隨時都可以做到，某次上課時，國中老師在課堂上說的話讓我記憶至今：「我每天睡前都會問自己有沒有什麼地方做不好？如果有我會想辦法改進，如果沒有的話就給予自己鼓勵，肯定一下自己。」生活上的小儀式有其神聖性，不過要不要去做還是在自己的決定上，所以我覺得最重要的是自己，有沒有願意反省自身的氣度，如果有那眞是恭喜，如果沒有那也沒有關係，試著問問自己，什麼樣的自己是你想要成爲的樣子，我想這會很有幫助。

鐵十字下堆疊著回憶

我與老鷹

聖雅各的慶日

這是所位在山腰上的小庇護所，我們抵達時屋內沒有半個人影，不過夥伴的腳已經無法繼續走下去，當時只見一台車駛來，那人下車後開始從後車廂搬些食材及飲料，注意到我們後，他轉頭向我們表明自己是這裡的管理人員，不過得知我們要入住時再三地告訴我們這裡沒有超商及酒吧，可能之前有很多朝聖者對此感到不滿吧，另一方面我卻覺得由於這樣的關係，環境相對較乾淨，原本這裡只提供晚飯的餐食，可能看到我們三個飢腸轆轆才勉強答應製作三明治，吃完後疲憊感一掃而空，庇護所的環境及上下鋪的隔間都是木材質，好的地方是這上下通鋪中間的走道空間有木拉門可以隔開，這樣就能擁有些許的個人空間，睡前我們討論明早的路程，我比較想要在二十幾公里的小鎮做停留，不過好像不合乎她們的想法，不在她們提出的選項之中，所以當她們問我說要停在哪個鎮上過夜時，我著實有點爲難，所以變得少言，畢竟我認爲我稍早已經說過我的想法，不過沒有出現在選項內，我也不知道要怎麼選，當下我並沒有說出這個困擾，才會導致她們認爲我都不表示意見，最終我從中隨意選一個，我心想大家都有不同的身體和心理情況，只能視情況路上調整。

很快地就到達原本要過夜的城鎮，途中我不時浮現擔憂及矛盾，我告訴自己或許決策者難的地方就在這吧，不過不試試怎麼知道，跟著感覺走，相信自己。

這是座滿大的城鎮，一座歷史悠久的古堡就矗立在高處，我們先是到一間美麗的咖啡廳休息，說也剛好，阿廷、阿凱及圓圓他們也在店內，一陣寒暄後推薦我試試看咖啡，我用著破爛的西文點完餐，我看到店員正在拉花，哇！走了這麼多天才見到一間有這種服務的咖啡廳，喝起來的口感也比較接近在台灣喝到的，可能是歐洲所盛行的咖啡和台灣還是有點不同。

預知夢

接下來的途中，我們遇到一群穿著藍色背心的志工，很熱情地詢問我們朝聖的情況及心情如何，原來他們機構的任務之一是幫助外國人，人生地不熟有很多不便，所以急需一些熟悉當地情況的人協助，帶著感謝與志工道別後，我們繼續走著，不過隨著里程的增加，小彭的速度也緩慢了下來，我把內心的擔憂告訴小培，我並不想讓小彭她走得不舒服，另一方面我又相信我的直覺所決定要停下的距離，不知不覺就抵達了住處。

這並不是大多數朝聖者會停的小鎮，所以入住的人並不多，當時只有一位女士，我後來才想起，她昨晚與我們同桌共進朝聖晚餐，真是巧！趁著只有我們三人在房間，我也把我昨晚討論時的想法及困擾，以及今天路上的心境與她們分享，她們也給我很好的回應，不管如何我知道這是我該學習去做的事情，試著把自己的想法真實地表達出來。

樓下的餐廳用餐，祕魯朝聖者今天也加入我們一起吃飯。

「我在台灣時有做過夢，夢裡有他（祕魯人）及你們還有現在桌上的披薩及燉飯……等等食物，但是夢裡小培不太相信有這種事。」接近尾聲的時候小彭說。

「怎麼可能。」小培幾乎同時說道。

「你相信嗎?」小彭問我。

「我有夢過類似的夢,不過夢並不太容易記住。」我回憶道。

我覺得四周的菸味有點重,想出去透透氣,另一方面也想讓自己有沉靜的空間,穿過小巷道出去就是主要道路,我坐在一旁公共的長椅上,偶有車子從面前駛過,我抬頭仰望蔚藍的天空,霎那間我感覺我與夥伴間的相識並不僅於這輩子而已。

路上再次遇到阿廷他倆,我:「圓圓怎麼沒有同行?」阿廷透露圓圓醒來後說自己今天打算照自己的步調走,原來他們並沒有彼此互相等對方的習慣,常常是決定好距離,就各自出發,反正最終也會抵達庇護所,因爲圓圓有血糖的問題,不能讓血糖太低,食物也需要注意,所以同行時午餐通常是以她爲主,也因爲如此她更需要按照自身的步調,看情況隨時做調整,我心裡暗自覺得她很厲害,儘管外表給人一種生冷的距離感。阿廷透露圓圓很會煮,他們烹調的調味品齊全,連很難取得的醬油都有,他們倆都負責在一旁幫忙或切食材,我告訴阿廷希望能有機會和他們共進晚餐順便向圓圓學習廚藝。進入小鎮前,一旁小溪蜿蜒伴隨著道路,阿廷和阿凱想要早點抵達便先行加快腳步離去,我們則是又遇到昨晚同住的Monica女士,這次她很開心地答應要一起煮晚餐,不過她想先去溪邊玩水讓我們也一起去,這裡的水流湍急,我看著水中居然還有小龍蝦,

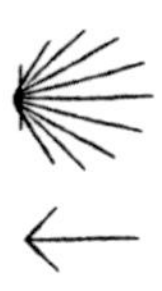

牠們游得非常迅速，我正要叫他們來看，一轉眼就不見蹤影，想說再來徒手撈魚卻無法成功。

天色漸晚，在小商店取得所需食材後，Monica 打算做西班牙烘蛋，翻面時不小心太大力，不過沒關係，正好可以變成炒蛋。飯桌上她提及自己從事社工相關的工作，我很開心得跟她分享我的經驗，畢竟我之前也是，難道又是巧合！話題一轉聊到台灣的土地人口比率，她得知後非常驚訝，畢竟以她的生活背景來說，難以想像如此密集的生活模式。

今早剛走沒多久便都是爬坡，像平時我爬山時會遇到的環境，不過稍微不同的是，我們要負重。很快幾個小時過去，我們來到山路較平緩的休息處，這裡有幾戶人家還有間商店，突然，我往前一看發現，前方坐在椅子上的不正是圓圓嗎！昨晚他們過夜處距離我們十公里遠，但是由於他們都是九、十點才出發，所以我們才會常常遇到，喝著冰涼的啤酒我坐在長椅上稍微休息，圓圓提到明天她的台灣朋友會抵達，有公賣局的麻油雞麵，後天我們可以一起吃飯，剛好我才正想看她怎麼煮，這麼難得的機會我馬上就答應她，後來在路途中我又再次追上圓圓，我問：「還有茶嗎？」她指了寶特瓶說：「這瓶給你，最後的茶葉都在這了。」於是我們聊了起來，她曾在義大利念博物館相關的科系，畢業後回到台灣工作，還曾自己創業辦過文創雜誌，後來被內地挖角把雜誌賣了就隻身前往，不過最近剛離職，確實是個在工作上很厲害的人物，不過談話中她說到家人時，只略略提到都在不同國家生活，並沒有再多說下去，應該是有不想碰觸的部分。而這時夥伴也追了上來，我問了他們有沒有聽過〇〇雜誌，她們一副不可思議的樣子，可見這個雜誌非常的有名，只是我之前完全沒聽過。途中我突然覺得會不會等等不能自己煮，結果還眞的發生，今天的住處非常得大，有提供廚房不過卻沒有提供任何的碗盤及餐具。我選了張床放下裝備，稍微緩口氣後拿著盥洗用具，準備沖洗，一大進浴室，是之前認識的義大利人，不過他怎麼全裸！我當下心想可能是不同的國情吧，後來再仔細一看，淋浴間只有隔間，前方居然沒有門或門簾，難怪我看到大家都裸體。

「這麼多天第一次遇到沒有門簾的澡堂。」我說道。

「我們體育課的時候也是都這樣。」斯洛伐克人對我說道。

洗完後我正要走回自己的床位，在樓梯轉角遇到兩位夥伴。

「你剛洗澡有門？」她們倆驚魂未定地問道。

「沒有啊，還好不是男女混合在一起的那種。」我安慰道。

後來她們因此與當時一起洗的幾位女性變成好朋友，而我們也和其中幾位一起共進朝聖者餐。

友善的志工

我們與 Monica 在河邊戲水

沒提供門簾的澡堂

我們與機師 Danny、社工 Monica 、Roberto / Maria 夫婦

超越四十公里的承諾

一早的路程不斷重複上下坡，對於朝聖者來說是很大的考驗，昨晚阿凱訊息留言要我們走外面的馬路，如此可以避開不斷上下的爬坡，我們沒多想走了原來的路線，結果確實不好走，辛苦走了約二十公里後即抵達山中的谷地。我和剛認識的波士頓女學生聊天，分離前她告訴我她想走另一條路——Somos，路段較熱門，沿途有很多的點可以停留，而我則是打算走另一條San Xii，雖然這段只有十幾公里但沿途幾乎沒有住宿點，這時看見夥伴也陸續抵達，我幾番猶豫後眞誠地與她們說：「我的身體狀況還可以繼續走，你們可以在這邊過夜沒關係，我答應他們要一起去吃公賣局的泡麵，我向來說話算話。」我等她們登記完住宿，簡單道別後我便出發了，剛開始的路程穿梭在山林間，偶爾出現屋舍在地勢平坦處，約在四公里處，黃色的指標居然有兩、三個方向，我最後只好看著腳印的方向性做猜測，內心有點不安，畢竟那隨之而來的陰暗林道，讓我擔心如果走錯，我可能會迷失在森林中，當時已經過中午，而我還有約二十公里要走，萬一選錯條再加上往返所耗時間，太陽必定下山了，況且我並沒有攜帶照明工具。我坐在已經

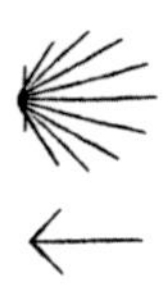

傾倒多時的樹木上，任由自己內心慌亂的思緒不斷浮現，我知道自己急需剛剛上路前買的巧克力和小麵包，身體能有不同的刺激，不過效果好像有限，我和內在自己對話，請宇宙給予我些力量，讓我能夠相信自己，說也奇怪就在這與自己對話的過程中，我感覺好了一些，隨手抓起後背包再次向前方邁進，這時下著小雨，我看見前方有個小鎮，沒什麼人煙的感覺，這時恰巧在轉彎處，我看見一個女士。

「怎麼都沒人？」我毫不思索地以她的語言問道。

「來，跟我來。」她邊說邊帶領我進入一個很漂亮的場所。

「這都可以吃。」她指著桌上眾多的食物說道。

裡面有些印度和西藏的擺設。

「要不要咖啡？」

「好啊。」我開心地說。

感覺出她用心地在替我烹煮咖啡，一旁隨附了麵包，她很自豪說是手作的，男主人則是在一旁幫我彈吉他助興。離開前他得知我想走四十公里，有點替我擔心，建議我可以考慮在前方不遠處休息，那有間庇護所。

走了十公里後，我看見前方有一位朝聖者正坐著休息，我放下背包喝了口水休息片刻，發現他正看著朝聖工具書，我向他打了招呼。

「我是義大利人，現在在瑞士工作，你呢？」他自我介紹。

「我從台灣來。」

「你從哪出發？」我接著問道。

他說出地名。

「我也是，那你今天為什麼不在山谷處休息？而選擇繼續走？」

「我中午就到了，不想要在那邊浪費時間只是喝酒放空，加上我體力還行啊。」

「原來，我是因為答應了朋友，我要前去赴約。」

「很高興認識你，先走了。」我擔心來不及草草結束話題。

「一路順風（Buen Camino）！）我們互相說道。

拿鐵配著自製麵包

嬉皮風格的休息處所

四十公里完成

多功能柴燒爐

剩下不到四公里時，他追了上來，可能是有種共患難的感覺吧，今天都走了這麼久，很自然地聊了起來，後來那位早上遇到的老爺爺也加入我們。記得今早爬到一個高處後，當時刮著風，天氣滿冷的，衆多朝聖者在那休憩及用餐，老爺爺當時看我一直矗立在火爐旁很是好奇，相當驚訝我是從台灣來的，以前幾乎沒什麼機會看過，於是他告知店內的老闆娘，讓她帶我進去屋內，介紹用柴火燒的爐子是如何同時煮東西和烤東西的。就在快進城鎮前，他讓我停了下來，很貼心地教我怎麼調整背包，他：「你這樣身體會比較輕鬆，要把重量靠著環在腰部的綁帶，分散掉重量，這樣才不會都是肩膀在負重。」調整後我發現確實有差，而且這樣也能運用一些腰部的力量，長時間走起路來比較輕鬆。從這一路走下來，有時也有些感觸，雖然我沒有受過登山健行相關的訓練，但是我還是來了，重點是只要你想，當你試著踏出去，自然多了些機會遇到一些願意幫助你的人事物，不管如何都能成為豐富人生的經驗值。

恰巧圓圓他們就住在我的庇護所附近，他們已經在煮了，說是讓我帶酒來就行了，我去鄰近的超市買好後就前往會合。當時圓圓正在煎牛排，而阿廷關切地問我今天的經歷，我簡略地陳述今天的遭遇，不過稍早的困頓和艱難，事後想起好像也沒什麼，現在我還是吃著牛排喝著湯，等到餐點處理完後，圓圓才過來和我們一起吃，我提到我經過一個沒什麼人的村莊，遇到一個女人。

「她是不是短髮？」圓圓問我。

「對的，等等，我有跟她合照，你看這張。」

「我在那有不太舒服的回憶，我今天也是一個人走，那是一個嬉皮的場所。」她回憶道。

「對！有一些符號和印度風的東西。」

「當我抵達時，除了我還有另一個朝聖者，他和那女生坐在一起，那人自稱是香港人，不過我在內地待過好幾年，他的口音明顯不是香港人，我看見那人突然就摸了這女生胸部，然而這個女生並沒有求救，我對眼前突然發生的一切只感覺很不舒服。」她接續說道。

「原來發生了這種事，我到的時候已經三、四點，我只覺的那女生很親切，咖啡也是她幫我烹煮的，離開時我邀她合照，拍完後她對我說：『我五天沒照鏡子了』。我：『妳依然很美麗！』她回了我淺淺的微笑。」我有點訝異。

吃飽飯圓圓提議出去晃晃，正好消化一下，也正好認識一下這個城鎮的道路，就在相約好明天幾點一起吃早餐後我便先行離開。走進大門並沒有燈，不過有個人坐在椅子上，原來是今天也走四十公里的義大利人，他馬上認出我。

「聖地牙哥大教堂？」他開玩笑地說道，示意我明天拚一下直接到終點。

雖然一天要走一百公里並非無稽之談，卻也不是件易事。

「哈！晚安啦！」我開心地微笑。

不能提領

我較早抵達，找了合適的位置點了杯咖啡配麵包，圓圓他們這時才緩慢地走了進來，等整裝完已經九點了。

「我們都差不多這個時間出發，有沒有跟你很不一樣，體驗一下。」圓圓對我說道。

「是啊，差很多，我們都五、六點出發。」

這時阿廷拿著信用卡去結帳。

「其實我倆抵達西班牙後才發現卡片不能領錢，而阿凱的那張金融卡還是當初爲了來西班牙才辦的，當時還特別告訴過行員。」阿凱向我解釋。

「那怎麼會沒開到跨國提領？」我難以相信。

「我也不知道，當初我有跟行員說要來這裡，哪知道居然沒開通提領的功能，所以只能刷卡，你沒發覺之前我們明明在同個城鎮卻和你們住不同地方嗎。」阿凱有點無奈地說道。

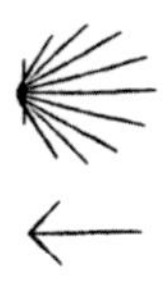

「對啊。」

「是因爲我們手上都沒現金，只能找可以刷卡的。」阿廷附和著。

圓圓之前有跟我們碰到過，所以知道我們的情況，於是又回過頭來找我們，她想說可以多領現金出來給我們，之後回台灣再還就好，不小心領超過，結果也被鎖住了，我們只有幾百塊歐元的現金要想辦法走完朝聖之路，你沒看我們大多也都吃可以刷卡的餐廳，不然就是超市，因爲大多都可以使用卡片付款，這樣也能買食材回來煮，順便準備隔天的早餐。」他接著說道。

「之前遇到那麼多次怎麼都沒有跟我說。」

「這種事也沒什麼好說的。」他傻笑道。

就這樣聊著聊著時間來到中午，圓圓：「我差不多了。」由於圓圓血糖的狀況，所以大伙看到合適的餐廳就找位子坐下，陽光灑在我們的身上，我突然想起了媽媽於是打了 line 回家，告訴媽媽我的近況，也提到剩不到一百公里就走完全程以及認識了幾位新朋友，語氣中感覺得出來媽媽也很開心。

「很棒喔，還會想到媽媽。」電話一掛上，圓圓調侃地說道。

「我來了這麼多天，打回家沒幾次，爸媽其實滿包容我的。」我說道。

「我們家很少聯絡，大家在不同國家生活，一年見不一次。」

「我和哥哥見面有一次是一起去某個島嶼旅遊，他很扯，還帶妹回來，我只好去外面找地方睡，不過當然錢要他出。」她接著說道。

用完餐後我們馬不停蹄地出發，只記得當時路線不停在山林間穿梭，土質的路面上並沒有再鋪上柏油，偶爾有些石頭混雜在路面中，我走在圓圓的後面，她突然左腳一拐差點扭傷。

「我剛剛腦中想著如何把這條路變得商業化，包裝成專門的行程，例如只走最後的一百公里取得證書，我可以安排車子住宿，也不一定要走，結果我就差點拐到。」圓圓回頭對我們說道。

「我果然不能想這些不好的事。」

「這倒是眞，念頭可是影響很大的。」我說道。

圓圓下廚招待

朝聖者們合影

剩下一百公里

熱情的狗兒

採訪

抵達住宿地點前，阿凱已經用線上訂房軟體預先訂房了，就在刷卡時突然出現網路連線的問題，老闆以爲沒刷到，於是又刷了一次，結果阿凱覺得不對被扣了兩次款。圓圓：「你用翻譯跟他說他重複刷了，現在馬上打回去你的信用卡公司。」圓圓有著看不出年紀的容貌，不過處理事情的決斷性表露無遺，過去職場的經驗相對於我們三個大男生而言豐富太多了，打回台灣和行員聯絡到一半，老闆的兒子正巧回來，老闆把事情跟他解釋了一遍，他馬上確認機器，確認是他們的問題之後，把錢退給我們。

「這樣剛好有現金，太好了！」我突然說道。

「對啊！我們缺現金，卡都沒法領錢。」阿凱笑了。

朋友已經抵達西班牙，要飛來與我們會合，不過因爲未提前印出登機證，櫃檯地勤並不給他們登機，最後她們只好重新買一張機票，那兩位朋友是圓圓之前公司的下屬，並沒有太多的出國經驗，所以才會忘記把登機證列印出來，這也使我們有買廉航機票的人警惕了一下，紛紛開始檢查各自的票證。

昨天剩下的粥剛好當早餐，這應該算是我此趟路來最接近家鄉味的食物了，吃完後整個身體暖了起來。不過奇怪的是今天明明沒走多久，居然覺得很累，當時我只想要找到一間咖啡廳休息，這間咖啡廳連戶外的座位幾乎坐滿，我一如往常地點了杯拿鐵，阿廷、阿凱和我找了位置坐下，圓圓剛剛自己走別條路，所以晚點才會到，我分享了一些自己以前的經歷，由於他倆這趟朝聖結束後回去可能就要找工作，我想說如果他們還想趁著工作前去別國走走，可以試試看申請一些計畫，畢竟他們之前四年的軍旅生活算是性質滿單純的，加上他們沒什麼出國的經驗，所以我想或許我之前所寫的一些計畫能給他們一些不同的刺激。說著說著圓圓也到了，我們繼續趕路，途中圓圓說她的朋友已上飛機，今天晚上會到。

「你的泡麵！」她看著我說道。

「是啊，我就是因爲當初有人說會帶台灣泡麵來，才走了四十公里。」我帶著微笑說道。

我們下午抵達了住處，安頓好家當後，一行人浩浩蕩蕩出發去超市採買，不知是否因爲剛剛路途上我抹了蚊蟲叮咬的藥膏的關係，突然覺得全身無力，圓圓很是擔心幫我看了那條藥膏，上面寫是草本的所以應該不可能，我才想起難怪一早走不到一小時就覺得很累，可能是床蝨叮咬造成的紅腫累積太多，身體撐不下去起了發炎反應，我趕緊補

充了維他命，當下心中只想著要去一趟教堂，參加完彌撒的活動身體還是有點疲憊，回到住處夥伴們已經在吃晚餐。

「你有沒有想吃什麼？我煎牛排？」圓圓擔心道。

「沒胃口。」我說道。

「不然你先喝果汁。」

「恩！」

說也奇怪，喝完後感覺好多了，可能酸性的食物有助於刺激食慾吧。後來圓圓另外幫我弄了吃的。

「你今天感冒只有你才有。你讓我想起我小時候患有氣喘，當時只有感冒時阿嬤才會給我沙士，而且是麥根沙士喔。」她回憶道。

漫漫黃昏的景色格外動人，阿凱喜歡攝影，所以對於景致變化特別地敏銳，我和他一起出去拍照。

這時來了一團的當地人，有些還是學生，有的年紀約三、四十歲，其中一位中年女士，平時興趣之餘喜歡從事採訪相關的工作，一聽到我們已經走了七百多公里，邀我們讓她採訪，不過她的英文不是太好就是了，所以採訪錄音的過程中還混雜著西班牙文，還好一旁的女學生很貼心地幫我們做翻譯，她想了解我們怎麼得知有這條道路，為何想走這條路，以及沿途遭遇的困難，還有覺得最棒的收穫，我回答：「一位朋友曾經走過，她印象深刻所以介紹給我，而且這是來歐洲比較省錢的旅遊模式之一，想走這條路也是因爲我離職後有一些時間，我想放鬆一下順便沉澱自己。比較困難的部分我覺得是一開始還沒有走之前的心情，畢竟要決定走哪條路，機票訂的時間讓我有點猶豫難以決定，這趟旅程讓我有很多時間跟自己相處，更能相信自己。」

出發囉

餵食馬兒

過往經歷

傍晚時分，兩位朋友坐著計程車抵達我們的住處，包含我在內大夥都很開心。她倆簡略地自我介紹後開始述說櫃檯不給登機的經過，很興奮地問我們關於朝聖的經過，並對我們投以崇拜的眼光，阿凱則應她們的要求把扇貝和手頭上一些朝聖的資料拿給她們看。約莫到了就寢的時間，我在床上，圓圓坐在床緣，手正在包裡面找著東西，當時只有我與她在房間，她：「你以爲我爲什麼要每天喝酒，其實是因爲我有失眠的問題，我試過很多方式，連安眠藥也試過一段時間，不過都沒什麼用，現在只要不喝我就無法入睡。」

這是現今好多人會遇到的問題，一天忙碌的工作下來，職場上人際互動間所遺留的情緒還在腦中無法消化，或者是情感愛恨的糾結，也可能是親人的期望與自身的夢想間的拉扯，很多的情節總是不斷地在腦中反覆上演，但無論如何，只要沒有去處理或面對雜亂的情緒，積累過久，人們會漸漸對於這些情感變得麻木，這些情緒就如同污漬一般堆積在心靈深處，看似不起眼卻難以抹去，失眠的成因很多，如過度消耗身體的微量元

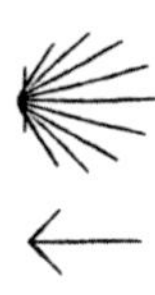

素，導致某些維生素的缺乏或身體長時間過度的緊繃，身體與情緒存在一定的關聯性，身心靈的健康其實需要得到更多人重視。

病的表徵是一種身體在提醒我們的訊號。國中畢業那年我以 PR90 的高分順利地升學，當時就讀縣市的學校我都可以就讀，最後我決定註冊原來學校的高中部，但就在考上後沒多久，我內心突然覺得很「空虛」，感覺人生瞬間失去了努力的目標，總覺得不快樂，在親友的安排下我前往就醫，醫生診斷爲憂鬱症，也有開藥。父母也曾帶我去問過一些民間的宮廟，我印象最深的是一處親戚介紹的道教的道場，一見到道長，媽媽跟他述說經過，只見他用拇指輕觸其他四指後說道：「沒什麼事喔，之後自然就好了。」不久之後在大家的陪伴下，我度過了這段時期，生活如常彷彿這件事從沒發生，而我對於神祕學反而越感興趣。

我對自己的要求很高，尤其在成績課業表現上特別看重，對於兒時就很敏感的我來說，很清楚地知道父母所要求的東西，但這不是我眞正想要的。我可以要求自己每日回家都固定複習且持續多年，隨著年紀漸漸增長，我發現我眞正需要的是傾聽自己內在的聲音和認識眞正的自己，自己這敏銳的能力其實都是爲了讓自己更眞實地活出來，進而幫助他人。漸漸地，我把目標從名次分數這些比較物質的追求，轉移到內在的心靈上。感謝所經歷的這一切讓我學習跟成長，我很幸運能走在這條不斷學習的路上。

一早很輕鬆地走著，今天我只安排走四點五公里，在那有一間庇護所，感覺一下就到了。大家一起拿著台灣的國旗合照，我照之前所說抱了圓圓一下，她很大方地讓我完成我們的約定，儘管知道之後還能在台灣相見，我依然有些感傷。當時庇護所的餐廳也沒什麼人，畢竟一大早，大家都還在各自的行程上做努力，而我點了咖啡在那裡發呆。約莫下午，小培及小彭也抵達了，我們吃著午餐各自分享這幾天的經過，畢竟有好幾天沒一起走，很多話想對彼此說，吃完飯我覺得有些疲憊，於是午睡片刻，而這時我做了個夢，夢中我坐了起來，但是靈魂離開了肉體，時間持續了一下之後我便睡去。今天我和小培並沒有參加朝聖者晚餐，但是還是坐在那裡用著手機，這時我對面來了個義大利人，朝我對面的位子就坐了下來，我告訴自己既然如此，那就跟他聊聊吧，他在做音樂，連專輯封面都自己設計，在 YouTube 上可以看到，他的封面有點古文明風格，我好奇地問他曾去過哪些國家。

「我去過埃及還有突尼西亞（迦太基）。」他指了地圖給我看。

「眞是特別（他體內存在著古老的靈魂），我還沒去過。」我說道。

坐在我左手邊的德國媽媽是來度假的。

「妳怎麼會選這裡？路上明明有一大堆可以住宿的點和庇護所。」我好奇地問。

「我幾年前也完成過朝聖，不過當初對這印象最深。」她說道。

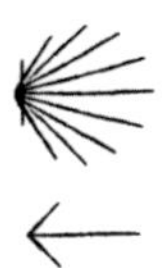

這附近就只有這間庇護所，除了這間庇護所再來就是幾百公尺外的一戶人家養了幾隻牛，在這山林間，夜晚除了我們這間庇護所零星的幾位朝聖者外四周幾乎沒有人，可能是山區很早就天黑加上沒有光害，夜晚的星空特別地清晰且綺麗。

夢裡那人

摸黑出發，打算到第一個小鎮就停下吃早餐，眼前出現幾間住宅，在門外有幾人在講話，我們上前一看，是在山上那間沒有窗簾的庇護所認識的比利時人 Danny 以及法國來的 Michael 夫婦。我們敲著門許久沒有反應，可能真的太早畢竟現在天還沒亮，只好繼續前行。

過了許久終於出現了小店，我們喝著咖啡稍作休息，四周都是朝聖者，剩不到一小時的路程就能休息，倒是發現越接近終點人潮越多，這時候我突然很想吃煎牛排。我們正踏進城鎮，去到公立的庇護所排隊，這時前面好幾個義大利人正開心的聊著。

「我想找別間，我不想晚上睡覺時依然在有很多人在聊天，這樣會睡不好，你們先排隊，我先去前面看。」小彭說道。

「好啊。」我說道。

她在前面不遠處找到了別間，那的設備齊全，公共空間也挺舒適的。放妥背包後我說出剛的靈感。她們同意我的提案，於是我們出發去超市，買了所需的牛肉以及食材，

回來時已經有一對情侶在廚房烹煮，我看食材也退冰得差不多，在朝聖路上常見的爐子一組有四個，跟他們借用了另一半的瓦斯爐，我能使用其中兩個。我先把水煮熱，這時女生突然把僅剩的油倒到杯子裡，油只剩一點點，我便去拿了回來。

「我也需要用到。」我說道。

「這是大家的油，你不能都用完。」他說道。

「我是要那瓶油，沒別的意思，你用完的話，我等等無法煎牛排。」場面一度有點尷尬。

「不好意思，我剛剛以爲你煮的那碗水是油。」他女友說道。

「沒有啦，誤會一場，我那鍋水是要燙麵。」我說道。

「你要不要吃一點飯，這還有水果。」她有點不好意思地說道。

「我們有麵條，感謝。」我露出微笑。

鎮上閒逛時我再次遇到那女生，從她迅速轉移的眼神感覺得出她還是有點在意。當時我正在廚房準備晚餐而她也走了進了，氣氛有些尷尬，我走向她稍微抱了她一下，對她說：「不要太在意，眞的只是誤會。」不一會她男友走了進來，我們聊了起來，他倆都是法律系的在學生，住在馬德里，極力推薦我在西班牙一定要試試道地美食，後來夥伴也進來，吃起晚餐，我：「你不覺得如果今天妳沒說要換間，那我們就沒有牛排可吃。原本排隊那間庇護所沒有廚房不能煮，有時候事情就是幸運得很難解釋。

比預計提早半小時出發，當時是早晨六點，感覺一眨眼就抵達休息處，Roberto、Maria 夫婦、Monica 以及 Danny 都在，我喝了咖啡，當時桌上有很多的葡萄，他們讓我趕緊吃點補充體力，離開時 Michael 夫婦才剛抵達和我們打了招呼，離開前 Monica 貼心地建議我們能多走一點（二十九公里），這樣明天剩下十公里，領完證書後，還有時間梳洗參加十二點聖地牙哥大教堂的彌撒，當時我們才走了八公里，我心想先走再說，沿途和他們倆聊著天。

「你不是說有夢到我。」我好奇地問道。

「對啊。」小培有些遲疑地說道。

「妳夢到什麼樣的內容？」

「我夢到你死掉！」她說道。

「我到的時候你頭已經被砍下。只是我不知道夢到人死掉是好是壞。」

「這就要看你怎麼想，畢竟每個人的生長背景不同，我曾經在印度當志工教西藏和不丹人中文，當時的僧人學生曾說過，夢到親人朋友的死，代表你幫那人抵擋了一次災禍，這在不丹是一件好事。」

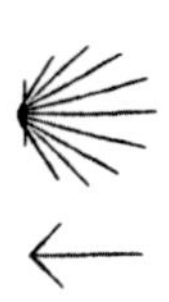

「原來。」

隨著話題我想起了一位朋友Lili。

「那是在我正要出發來走這條路的幾週之前，那天我剛好去她的店裡喝咖啡，其實我們認識的時間也不長，但就是說不出來的投緣，當時她得知我要離職去走這條路時，分享了自己出國的一些經驗，後來不知怎麼的話題突然講到她小的時候。」

『國小時我參加田徑隊，記得那是一場重要比賽，可是當天我有事就是無法參加，請了朋友代跑，然而就在這次的賽事中那位朋友不幸往生。』

時間彷彿停頓了片刻，我沒有打斷她。

『這對當時的我有很大的影響，內心飽受煎熬、滿滿疑惑以及對無常的感受，所以我曾接觸過一些的宗教靈性團體等，想找尋生命如何面對無常的答案。』她接著說。

『以當時的年紀，確實是很困難的遭遇啊。』

『是啊，當時我還那麼小怎麼可能知道如何處理，不過這些年下來我漸漸清楚我所要的是什麼。』她平淡且篤定地說道。

小培靜靜地聽著我說完故事，好似獨自在思索什麼並沒有說話。

路途中小彭開始有點擔心，因爲她前不久儲值的網路居然不能用，看著她我心中浮現小孩陷入擔憂的情緒中不斷畫圈圈的影像，我突然想起小彭還沒吃早餐，她血糖太低，情緒可能不太好。說也剛好，前面不遠處有個小鎮，能讓我們稍微休息，我點了咖啡順便要了無線網路的密碼，我邊喝邊吃著巧克力，超大一塊剛好能和小彭一起分享。Monica 他們不一會兒也追了上來，得知小彭的情況後幫忙打電話詢問，最後得知我們能去商家處理，所以我們選擇停在下個城鎮而非離終點較近的小村，方便處理網路的問題，只是明天得早些出發好趕上十二點的彌撒。大夥又一起走了一段，這時 Danny 走到我旁邊。

「我今年機師退休，我從比利時的自家出發後開始走朝聖，全程兩千七百公里。」他分享著。

「你太厲害了吧！」我投以佩服的眼神說道。

「其實沒有甚麼，就走走路。」他很謙虛地說。

「這一個月的西班牙段比較經典，記得一兩個月前，有時候食物還要先買兩天份，因爲有些地方連小商店都沒有，我曾住過要先去某處取鑰匙再回來開門的庇護所，由於不是熱門路線，住宿點較少，所以一天走三、四十公里是很常見的。」他微笑地補充。

不一會兒我們抵達住所，住處的外面居然有許多的攤販，我們趕緊入住後，先是詢問手機相關的店家，那櫃檯說要到聖地牙哥才有，小彭也只好再忍一天了，大夥洗完澡後才悠悠地去逛市集，裡面有展示駱駝，老鷹，打鐵鋪內有展示鎧甲、寶劍及各式西洋

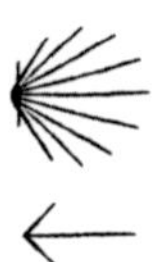

武器，一旁還有不少攤販販售飲料等各式食物，再來映入眼簾的是沉甸甸的五穀麵包，以及諸多沒看過的糖果，真是令人大開眼界。

糖果攤販

老鷹展示

教堂內甩香爐

晨間時刻，我起身上廁所，回到床上夥伴都已經起床，五點多我們就出發。今早的行進速度節奏，感覺比以往都要快，我們約走十公里才停在酒吧稍作休息，之後的路程我隨著自己的步伐前進，途中還遇到之前有過一面之緣的亞洲臉孔女生，後來才知道她是台灣人，另一位阿南他從香港來也是剛辭職，我直呼太巧！可能有共通點，倒是聊得起勁，他打算用目前的積蓄多玩幾個國家，之後打算搭船去南極。後來又再次遇到西班牙人，早上跟他們一起走了一小段，他們約莫四、五十歲，三女一男一家人一起走這最後的一百公里，他們完全不會講英文，我相信我的語言溝通能力配上我獨特的肢體語言常常笑果十足，夥伴們後來趕上，我們就這樣很愉快地抵達終點——聖地牙哥康波斯特拉(Santiago de Compostela)意爲「繁星原野的聖地亞哥」。

時間還很早，我們先排隊，一個一個進去等待電子看板上的櫃檯號碼，輪到我時，我看著上方圖案覺得莫名感動，心裡只想把這路途中所經歷的一切人事物和感動都獻給宇宙。倒是沒有在這看到馬力歐（之前在教堂偶遇教我鋼筆字的英國志工），服務人員先是讓我填寫背景資料，包括此次的朝聖的原因和是否有宗教信仰，他會問你需不要買證書，這裡的證書指的是有寫上里程數的，後來才知道只要憑著集滿印章的朝聖護照，不用付錢也能獲得一張，差在上面沒有標註你所走的里程數。過沒多久，小培也走了出來，請我幫她留影紀念，這時 Danny 也過來向我們道賀。俗話說早起的鳥兒有蟲吃，我們來得及去參加聖地牙哥大教堂的彌撒。活動不能攜帶後背包進入，我們得先去寄放背包，排隊進去教堂，裡面只能用莊嚴肅穆來形容，非常地巨大，人潮更是多得誇張，椅子基本上已經坐滿，外圍站著的人幾乎完全擋住行走的動線，需要工作人員不斷地指揮疏導，倒是遇到不少路途上認識的朋友，包括巴西人，西班牙夫婦，法國夫婦，比利時夫婦，韓國友人，當然還有家鄉的朋友，像是比我們早到幾天的阿凱、阿廷和圓圓三人組，大家都齊聚於此，我們打完招呼後，由於太晚進場只能站著或是坐在地上。神職人員、輔祭和神父們，這時緩緩地走進中央，就這樣和很多人一同體驗在聖地牙哥大教堂的彌撒，原以爲看不到具代表性的甩香爐，聽說這是可遇不可求的機會，並不是每天都有，居然被我們碰到。

偌大的聖地牙哥大教堂前的廣場擠滿來自各國的旅客，有的大包小包，有的隻身一人、有的步履蹣跚，各式行人樣態皆有，不管如何，能與相遇的朝聖者同一時間一起享受這時光，請容我獻上全部的感激。

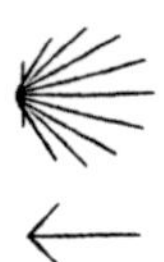

我突然想起小彭曾經說過的一段話：「好像之前經歷的一切都是爲了來這條路做鋪陳，像是學了三年的西班牙文，從小的宗教信仰，感覺就是爲了讓我能完成這趟旅程。」一位姊姊曾說過，生命是自己安排的，而且只專屬每一個人自己，當時的我並不了解她所說的意思，現在的我終於有些明白了，儘管我只有略微瞭解其中的一點箇中滋味，對於我而言，愛自己這條道路才剛剛開始。

終點聖地牙哥大教堂

聖地牙哥大教堂甩香爐儀式

我跟西班牙兄妹們與終點標示一起合影

之後的故事

當初買了西班牙來回機票時，只知道我想要在我一月生日那天回台灣，沒想到因爲申根簽證不能在歐洲超過六個月，這讓我在機場櫃檯報到時差點拿不到票，而那張隨意購買的英國機票居然開啟了我接下來的英國行。

還記得八月二十日的晚上，我輾轉搭乘公車和地鐵來到機場，由於是凌晨的班機需要提早前往，不然就只剩計程車可選擇了。等了許久櫃檯這才走來兩位漂亮的服務員，大家蜂擁而至排隊登記，我跟著隊伍前進，這時服務員開始查看乘客的登機證，看到我出示的登機證後告知我可以優先通過，檢查完背包後順利登機。

眞正的困難是入海關，英國外來人口衆多，入境要求滿嚴格的，財產證明是我出發前去銀行申請，距離現在已經過了兩個月，我已預先訂第一天的住宿，方便我提供訂房紀錄，至於旅遊計畫表我則是草草地在手機上編寫了一份，還有一張兩個半月後離開英國到土耳其的機票，不過眞正到了海關面前，他看完我提供的資料後，果然質疑我提供的財產能不能夠支撐我這麼多天的遊玩花費。

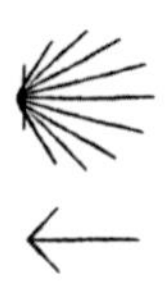

「眞的不行我會請我的家人幫忙。」我連忙解釋。

「好吧，不過記得喔，你到時候去到西班牙及土耳其要有出入境章，不然你將來會很難進到英國。」他好心提醒了我。

我隨即走出入境大廳，當時旁邊有一間 Costa 咖啡廳，我點了杯咖啡很開心地打給我的好友阿衛，把這些發生的奇妙經過說給他聽，因爲平時如果依照這些條件要入境幾乎不可能。我抱持著既然當初那張在緊急之下隨意購買的機票都能買成功了，有什麼好擔心不能入境英國的，不試試看怎麼知道，反正最差就是再花錢買張機票回家。聊天結尾阿衛提醒我要快點找工作，他知道我的旅費快花光了，而英國的物價又不便宜，得想辦法才可能撐到一月回台灣。我告訴自己：「只要相信自己一定會有辦法的。」

英國地鐵很方便，醒目的紅藍圖示讓乘客可以輕鬆地得到指引，我很順利找到住宿的地點，推開玻璃門首先看到充滿吵雜音樂聲和煙霧迷漫的吧台，我登記完後推開房間門，眼前放著三張三層的通鋪，讓我著實印象深刻。英國的物價跟房價還眞高，連通鋪都能讓我遇到三層的，眞的是太誇張了。我下床時試著略過幾個階梯跳下床，著地的重擊感再再顯示床鋪之高。超市步行就可抵達，我買些食物自己處理當晚餐就休息睡覺去。

這的環境實在不太好，洗手台差點被頭髮堵住，還好能勉強排水，我用手機找新的住宿，最終還是依循直覺預定了之前搜尋時特別有印象的那間，時間不早收拾行李前往新的住宿點，櫃檯還和我聊了一下天，建議我可以用官網訂，有附免費早餐比較划算。

新的住宿環境好非常多，公共空間有電視可以觀看，獨自坐在那時來了一位日本女生，跟著後面進來的是一位巴西的英文老師。我們簡短地談著電視內容，稍微熟絡後問起他們來這的目的，日本女生說是來旅遊，她最近有在賣衣著，風格偏向古著，看我有聽沒有懂就隨手拿起手機開啟 IG 展示給我看照片，當時我不了解這就是網紅行銷的概念，畢竟旅遊也包含在個人風格之中。另一位巴西人十分熱情，介紹了自己的名字後問我叫甚麼名字？

「嗯……Denny.」我一時間不知道要說哪個，想了一下說道。

這一連串的過程他們早看在眼裡。

「那不是你們國家的名字吧，你其實可以直接講你的名字。」日本女生說道。

「東。」

他們露出笑容，而後我才知道原來日文名字直接就可以用英文發音，所以他們沒有這種問題。繁體中文用拼音，像我們護照上的名字需要羅馬拼音，有些時候唸起來滿拗口的。

倫敦與工作

住宿時認識了一個中國大叔，相約一起去逛大英博物館，走進館內視線馬上被大廳的挑高空間感所吸引，環顧四周當時的遊客人數不少，而聚集較多人的則是羅塞塔石碑，周遭的石像雕塑是古老的埃及風格，二樓較大，看點是木乃伊、不同材質的棺槨以及當時埃及人的生死觀介紹——死亡只是邁向永生的過渡。如果日常生活是一本涵蓋無限可能的書，那大英博物館就是立體的歷史類叢書。逛完後大叔說他超級累，我們找了間中式餐館用餐，大叔看到有張貼徵人啟事，他趁著老闆送餐完的空檔問了他。

「最近抓很嚴，坦白說我們也不敢用，被抓到要罰很多錢，如果你真的想要可以做，但不要超過半年，我可以幫你出費用送你回去辦簽證再來。」老闆得知他沒有工作簽證後說道。

「我聽說有假的簽證？」大叔試探性地問道。

「有是有，不過你要拿得到。」

「我英文不好，不然現在早就拿到長期居留證了，更早之前可以用難民的身分拿到居留證，我當時沒來得及。」老闆補充道。

「其實假證沒用，被抓還是會被遣送。」離開後大叔對我補充說道。

我們在唐人街繼續逛著，之後看到日出茶太，大叔叫我去問有沒有缺，不要害羞。真是奇怪，我明明沒和他說過我旅費快花完要找工作，可能冥冥之中宇宙有其安排。

「珍奶多少錢？」我鼓起勇氣走向櫃檯問道

「ｘｘ歐元。」店員道。

「請問你們有缺人嗎？外邊有張貼徵人廣告。」我問道。

他不會中文於是請隔壁的同事幫忙，她讓我留下姓名及聯絡方式，老闆正好從外面走了進來。

「什麼簽證？」老闆問道。

「旅遊。」

「現在抓很嚴。」他說完便離去。

我們買了些東西回到住宿點，我把剛買的香瓜切開分給在場的大叔還有一位印度面孔的女士。

「你從哪來的？」她吃了一口後問。

「台灣。」

「我從印度。」

「看得出來，我有去過。」覺得神奇，竟能再遇到印度人。

「哇！哪些城市？」

「德里、孟買、亨比……。」

「你去過不少地方呢。」

「你來旅遊？」我好奇地看著她問道。

「我來這當醫生，累積三年的經驗要取得國際醫生執照，只有五個國家（英、美、加、澳、紐）能拿到。」她解釋道。

「我也去過印度四次。」大叔稍後對我說道。

「我有去過兩次，是很神奇的地方。」

「是啊，我也去過韓國待三年，還有土耳其，我在那那搞牛雜羊雜賣回國，最近是常去杜拜、巴基斯坦，我和朋友合夥開旅館在那，有包三餐的那種。」他說道。

我獨自一人外出閒逛，看到一間現代化的教堂有活動，想說進去看看，門口的阿公：「做禮拜？」我：「是的。」牧師唱著聖歌伴隨著經文解說，活動結束有咖啡和小餅乾，剛好我早上只吃了水煮蛋。離開教堂時，外面下起大雨，我轉而前往就在不遠處的紅磚巷市集（Brick Lane Market），聽說這裡早期出產製作紅磚所需的紅土，也因此得其名。這有復古小物，衣物、包包、塗鴉、藝術品等，我個人則是對台灣茶特別有印象，我點了杯拿鐵，邊喝邊看著往來的旅客，等待雨停。

今天要換房，七點起床梳洗準備退房，重新登記住宿後，才剛進新房安頓行李，這時瞥到一個很面熟的人，當我整理好行李走出來他已經不見，「應該是看錯」我心中想著。再往前經過大廳，居然是當時朝聖快接近終點時遇到的香港人阿南，我們一起搭了公車，他在白金漢宮的前一站先下車，我則是要前往維多利亞的麥當勞赴約，昨天認識的一位韓國女生 Clara 約我一起去逛白金漢宮，到了約定點卻怎麼也聯絡不上她，我只好自行前往白金漢宮，還好來得及觀看衛兵交接的活動。

回到市區住宿點又巧遇前幾天認識的 Luke：「今天有嘉年華活動，一年一次你會喜歡的。」上次有說到，還好他再次提醒不然我早忘了。

諾丁丘嘉年華在八月底舉辦，爲期兩天，看似熱情奔放且五彩絢麗的背後，其實當初是爲了消弭非裔和加勒比海裔移民與當地人的種族隔閡所發起的活動。回房後那位再次相遇的香港人跟我同房，正巧邀他一起去了嘉年華，離開時道路管制走了好久，憑著直覺我們有找到出口。

「當初你找我的時候我還有點猶豫，還好我有來。」阿南說道。

「嘉年華眞的很棒！」

這間青年旅宿有很大的用餐大廳，吃完旅館提供的早餐後，我總喜歡留在座位多待一下，也因此認識了很多的朋友，有來自印度、希臘、美國、俄羅斯和中國等等國家，大家都有不同的目的，看著大家來來去去而我彷彿在等待著什麼，我在這裡待的時間較長，大家互動漸漸熟絡。

有天印度朋友找我陪他去銀行開戶，當時銀行內沒什麼人，我感覺除了行員說話變成英文外，好像沒什麼不同。隔天中國留學生阿紀則是讓我陪他去學生中心辦事情，裡面居然還有游泳池。時間很快，在這期間我幾乎問遍了中國城的華人餐館有無工作機會，大多直接拒絕，也有讓我留電話，甚至有讓我幾個小時後再來，赴約時卻說主管出門。最終我發現雇主最看重的是工作簽證，當時我在倫敦已經快兩週，我得盡快找到工作，不然旅費無法繼續支撐倫敦如此高的物價。

與馬力歐有約

終於到了跟馬力歐約定的時刻，一見他隨即感受到那熟悉且慈愛的感覺，他和藹地問起我拿到朝聖證書後去了哪，以及後來來到這的感受和狀況，我用簡單的英文講述著，彷彿電影倒帶，他則是耐心地傾聽著。中午他領我在公園用餐，我們點了當地著名的炸魚和薯條拼盤，用餐時還能看到湖中的水鳥嬉戲，翠綠的草皮圍繞著我們，食物頓時也鮮活了起來。下午馬力歐起勁地為我導覽城市，我們從一個公園散步到另一個，他邊走邊講述著著歷史故事，有時穿插他自己在這的點滴，如故事收尾般，特地安排到最後才介紹的是他平時服務的教堂。

光陰流逝一下天就黑了，晚餐我希望能做西班牙烘蛋，於是馬力歐帶我去超市採買，我做了烘蛋以及番茄海鮮粥，出乎我意外地美味。我邊吃邊聽著他述說著祖先的故事，馬力歐是義大利人，來這裡求學畢業後從事教學的工作，也就因此長居在這。

「這是祖先流傳下來的。」他看著手上的尾戒並繼續說：「我的祖先原本是威尼斯當地的望族，威尼斯以經商聞名，如此龐大的商團總會有競爭及爭端，所以商團會定期

推選 Head 來領導大家，而我的祖先就曾經擔任過兩次這個職位，有相關的紀錄可以在上面找到。」

「那些朝聖之路的證書都是你的？你走了十幾次？」我看到左側牆上掛滿了證書。

「你也知道路線有很多條，不過終點都一樣，你走的那條我完成過好幾次，像是夏天的景色和冬天就不同，我也曾經從英國開始走。你還記得當初我們認識的那間庇護所嗎？，每年修女都會邀請我回去當志工。」馬力歐幫我拿出床墊、棉被和枕頭，裝上被套讓我在客廳休息。

隔天一早他帶我去一間有名的餐廳吃早餐，他知道我第一次來英國，推薦我一定要嘗試一下英式早餐，餐點中除了有醃製肉類、烤過的番茄、炒蛋外，居然還有菇類！我從未嘗試過這樣的組合，烤過的吐司有提供奶油，飲料除了有果汁還有一人一壺的紅茶，可以依照自己的喜好添加牛奶調味，平時在台灣，奶茶通常是調好的。趁著下午空閒，馬里歐帶我參觀大英博物館，上到二樓欣賞埃及相關的展品時，他解釋道：埃及人有死而復生的觀念，你看就像現在我跟你看到石刻文字符號這些遺留下來的展品時，他們又活在我們的腦海之中了。我當下覺得好熟悉，這和我小時候的想法也太像了吧——活在活著的人的記憶中。

記憶瞬間帶我回到剛上國小沒多久，有天媽媽對我說：「你已經上小學，長大了要練習獨立。從自己洗衣服跟自己睡覺開始。」我有點不知所措地回答：「恩……。」當初房子設計把一、二樓挑高，樓高多出的空間再隔成小閣樓，其中一間是我的臥房，睡前我習慣把小夜燈關掉，就像古人防範火災要吹熄蠟燭那樣，全黑的環境我相對容易入睡，然而小的時候精力充沛，哪裡能那麼快睡著，通常會經歷一段胡思亂想、翻來翻去的時光，不過入睡的姿勢一定得是平躺，因爲我莫名害怕我睡著時，背部沒有被遮擋或防護，會被攻擊。滿多時候我睡不著，怕黑更怕被無形的力量驚嚇或抓走，而外公過世後，我更是壟罩在對死亡的恐懼之中，我擔心自己最終隨著記憶消逝，漸漸被大家所遺忘，眞的極度害怕時，我會敲爸媽的房門，他們會讓我睡在中間，那是一種很安全的感覺，一下我便睡著。小時候並沒有人願意和我談論死亡，這個話題在家中不能提起且被嚴格禁止討論，當時的我還那麼小，我能想到安慰自己的想法是：「儘管我死了，我還是可以活在朋友的記憶裡，所以我要多交朋友，而且，若大家會死，那就有人陪了，好像也沒這麼孤單了。」，不過這對我來說並不是眞正的解答，因爲我依舊在擔心，萬一那些認識的人也離世了怎麼辦，無來由的消逝感使我恐懼不安。

隨著失眠發生的頻率越來越高，爸媽開始覺得不對勁，便帶我去醫院檢查，記得當時的治療師陪著我玩小遊戲用緩慢的語調跟我聊天，評估過後，判定我有過動的一些症狀，醫師開了幫助睡眠的藥，讓我睡不著的時後可以服用，不過我印象中沒吃過幾次，

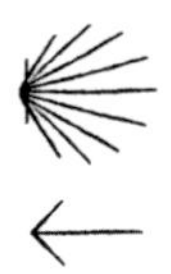

可能是因爲吃完的效果也有限。

如今，隨著生命中體驗的增加，我相信我們都是帶著肉身的靈魂，每個靈魂的到來都有其目的，隨著物質時間的終止，儘管名字、記憶、面貌、和頭銜都會消失，但是我們在每一次經歷所學習到的，就像靈魂進化需要的養分般，會轉化成爲靈魂的一部分，如同有些技能從沒學過，卻一摸就上手，有些人素未謀面卻莫名熟悉，有些事物就是感覺不對，當下卻無從解釋，這些明明在過往成長的時空環境裡，我不曾與之有過接觸。其實在靈魂的劇本裡，每個人都擁有無限可能，是一把把用來開鎖的萬能鑰匙，要來解開生命中的種種難題，人生的境遇都是爲了讓我們能有所學習並從中獲得成長。

信念

在雲雲的鼓勵下，我出發前往薩迦派傳承的中心，在門外猶豫了一下才鼓起勇氣推開門，當時內部有三位男女，我以簡潔的英文表達自己想當志工，希望是有提供住宿，男士認真聽完我的需求。

「我們這邊性質不同並沒有提供開放申請志工服務，如果要有住宿，你可以打去我們在曼徹斯特(Manchester)的中心問問看。」他解釋道。

「了解，請問有相關資料嗎？」

「這上面有資訊及聯絡電話，希望有幫助到你。」他隨手拿了一旁的簡介遞給我。

「有的，非常感謝。」

離開後我依然還感覺全身抖動。下午我出發去大寶法王噶舉派的寺廟，因爲距離較遠我搭巴士前往，英國的巴士很特別有上下兩層，紅色的外觀讓我不時想到電影的片段。抵達後我上樓先禮佛，獨自坐這靜心片刻，下樓剛好遇到喇嘛，我和他聊了順道表明來意，整個對話過程非常愉快，他說他會寄表格給我，我需要先塡寫才會有後續的面

談。我返回馬力歐家中，分享了今天的際遇後，他把電腦借我使用，正當我登入要收信件時，喇嘛又傳了一封信要我明天前往先去面試，我整個受寵若驚，他在一旁也很替我高興，其實馬利歐知道我從朝聖到現在，已經在國外待了兩個多月，每一天都有吃住這些花費又沒有收入，旅費快花完了……我前幾週在倫敦找的打工，幾乎不可能會錄取，這裡抓黑工很嚴格，馬力歐也都知情。

隔天一大早七點馬力歐叫醒我，他準備了烤土司搭配果汁和英式奶茶，離開前馬力歐給了我擁抱祝我順利，很快到達寺廟，喇嘛讓我到樓上的小圓桌坐下，簡單的問話了解我的背景，之後問到簽證，不過我沒有他說的那種志工簽證（(Temporary Worker – Charity Worker) visa），他讓我回去再確認看看，沒有的話他們無法錄取我擔任志工。我十分失落地離開，聯繫了雲雲，她聽整個經過後讓我再試試別的中心或是更北一點寺廟，我打電話去 JamJang 這個組織。

「This is dong calling. Do you have any vacancies for volunteers?」我說道。

對方感覺的出來我的英文能力沒有很好，回話都會放慢速度且使用簡易的單字，告知我倫敦中心目前志工的名額都滿了，建議我可以試試看別的地方，薩加曼徹斯特中心則是沒人接聽。我發現倫敦有佛光山的駐點，小時候有在蘭陽別院參加過作文比賽，我告訴自己或許可以試試看。看到佛光山斗大的題字我向內走去，一位前台師姐有著華人臉孔，我以中文詢問志工，她一露出臉疑惑，我：「志工？」她：「你要常來啊，常來自然就有工作，你先去禮佛吧！」大乘佛教系統比較嚴格，通常志工會是信徒，對教義有一定程度了解後，發自內心的服務。我禮佛後便離去，中餐我走回倫敦大學亞非學院，那有提供捐獻的素食，是印度Hare Krishna的慈善組織，其理念是分享食物給需要的人，並推廣素食，食物的循環等（食材很大部分來自超商即期品。）我曾去過印度對此倍感熟悉。

回到青旅休息，我滑著手機找著工作，看到一個炒飯麵的職缺在劍橋(Cambridge)，我心想既然倫敦找不到，那試試看別的區域（郡）說不定可以。我抱著死馬當活馬醫的心態寄出簡訊，不一會居然有人打來。

「你有沒有相關經驗？大概什麼時候能過來？」他說道。

「有做過餐廳，可是我沒有打工簽證喔。」我說道。

「那沒關係，只是薪水會比較低。」

「那你什麼時候能過來？」

「我要查一下交通。」

「好，確定後跟我說。」

掛了電話我有種難以解釋的感覺，我上網查到客運的車票，到那十英鎊，我選擇相信他，如果眞的不行我就當作坐車去那玩吧！我又多訂了兩晚的住宿，約定的日期是九月十六號。我手上的零錢所剩不多，我去附近提領，卻發現領不出來，原來是我帳戶裡面已經沒錢，我一直以爲某個退款會進來，後來發現自己記錯了。我走進浴室沖澡時意外很冷靜，我以爲我會很慌張，我當下的想法是沒錢就買張機票回台灣，所有事情瞬間都變單純，緊張的情緒也從我身上抽離了，而且另一個帳戶還有約兩千塊台幣，應該夠讓我撐到飛機起飛。

馬力歐得知我要北上去工作，一則以喜，一則以憂。

「我願意替你付一萬鎊，但雇主呢？我只想想好的方面。你要多看英文書，增加英文能力，對你會有幫助的。」

「好的，之後可能見不到面了，如果你去走日本的四國之路或是有到亞洲來要告訴我喔。」

搭車前一晚，他帶我到客運站，實際帶我走一遍。「你可以在你腦中模擬一遍，這樣明天就會很順利。」他建議道。這兩天我的旅館就在離他不遠的荷蘭公園內內，十六人一間的上下鋪，不過窗外的視野非常的好，走出去還有小水池，我正好迫切需要靜下心來，問問自己到底要什麼？

我永遠記得這天晴朗的早晨，我循著昨日腦中的路線前往車站，途中另一個位在約克(York)提供職缺的老闆娘打來，問我有沒有意願，如果有希望今天給她答覆，我掛掉電話，心中五味雜陳， 在倫敦找了這麼久，就在我身上錢都花光，只剩下馬力歐給的那張他在路上撿到的 20 英鎊時，居然有兩個工作機會同時向我發出邀請，人生真像闖關遊戲一樣啊，讓我想起《牧羊少年奇幻之旅》中的一段文字：「當你眞心渴望某樣東西時，整個宇宙都會聯合起來幫助你完成。」

路上

抵達劍橋後，老闆已經開著白色 BMW 在等我，路途中問起我之前的工作經歷哪裡來的，經過鎮上的建築時也順道介紹超市商店的位置。停妥車子後，他帶我上去二樓的房間，請我整理好東西後下去找他。

一下樓，便看到老闆向我指著爐火的開關。

「好，看你表演啦。」老闆用帶著馬來腔的中文說道。

我試著翻了鍋子幾下，就是無法翻動。

「行了，後面那有豬肉去把它切起來吧。」

他示範切一次後我開始切著這整籃的肉，這時老闆娘走了進來。

「哇！這麼年輕。你該應先去學打雜（內場學徒）才對，了解基本的擺盤，遞菜，備料和洗碗等工作，慢慢來。我們這早期都是從香港過來的廚師，後來的人都是沿用這種分工的方式。」她說道。

我當過服務生但並沒有做過內場，這邊與我所知的台灣內場分工並不相同，我當下也只能先盡力做好自己手上的工作，能多學一點是一點。

約莫傍晚老闆娘問：「如果給你機會你能學會？」。

「我眞的很想留下來，我會盡快學會翻鍋的。」這時老闆已經打電話在幫我找工作了。

晚上很多客人來外帶，有的自取，有的透過外送，十分忙碌，直到十一點半我們才收拾完。老闆炒了兩大碗泡麵，還幫我倒了杯紅酒，我們邊吃邊聊，或許是疲累加上酒精的作用，老闆說：「對我來說，應徵炒飯麵就是炒飯麵，你如果沒做過應該要找合適的，不然這樣很不好。」我當下只感到很抱歉，也沒多回話，老闆接著說：「不過可能你們國家的分工不同，我還沒遇過台灣來的，不用擔心，我會幫你找到合適的工作，等等吃完，樓上轉角那間可以沖涼，早點休息。」

一大早我就起床練習用鐵刷翻鍋，老闆娘回來後看到後，跟我聊起她的過往，她以前因爲她阿姨的關係才去念護士，但成績普通，後來因緣際會才出國，出國前還在三千多個同學前宣言：「我一定會不負衆望，光榮回國！」這件事情還有上新聞，害得她前幾年都不太敢回中國。這幾年我有去教會，餐館生意和我們生活的也越來越好，在這漸漸找到歸屬感後，我才慢慢放下。我也分享我在英國遇到馬力歐，以及他無私的幫忙我的故事。

「我們會幫你找到工作的，你也可以住到星期日，不用擔心。」老闆娘離開前說道。

「還沒吃吧！來煮早餐，我剛學的時候也都自己煮，這樣能試味道。」老闆邊走邊說。

今天週一要做清潔，我們清完後老闆讓我先去休息。三點半一到我們正式上工，我趁著晚餐時間跟老闆表明我不是有意要騙他，老闆微笑：「沒關係啦。」我說完整個人也輕鬆不少。最終老闆幫我找了一份餐廳的打雜工作，明天是週二剛好店休，老闆能載我一程，老闆娘得知我的信用卡買不了，一口就答應幫我訂火車票，搭車前他們還堅持請我吃飯，我看到一片 pizza 價格五點五磅，才發現原來倫敦的物價真的很高。我後來回想，其實老闆當下可以直接叫我走人，但他們卻沒有這樣做，給我薪水還幫我找到工作，眞的是非常感謝他們在我最困難的時候，願意幫助我、給我機會。

中式快餐外觀

老闆請吃飯，爲我餞行

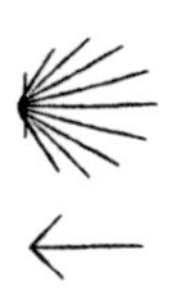

抵達切斯特菲爾德（Chestfield）當時已經下午，我聯絡這家老闆後走出車站，一走出門口就看到有人站在車旁向我招手，他蓄著八字鬍，身材偏瘦不高。上了車後不一會兒就抵達餐廳後側的停車處，老闆拉開鐵門示意讓我跟著他，我背起後背包跟著他走上樓，房間在三樓，是一間雅房。

「你整理好再下來找我。」老闆推開房門對我說道。

「好的。」

非常簡單的環境，房內有一張素色的單人床，光線從前方的玻璃透進來，左手邊衣櫃旁擺著一張椅子，關起門我才看到剛被門擋住的小櫃子就擺在床頭，感覺的出來之前有小朋友會來這裡玩耍，不過在我入住前已整理過了。下樓後，老闆介紹另一位廚師給我認識，他讓我稱呼他為安哥。他與老闆都是馬來西亞人，之後會由安哥負責帶我。

我的工作除了幫忙洗餐盤外，還要協助擺盤並附上配料，當然還要協助把餐點遞到送餐口方便服務生送餐，必要時補足不夠的食材，簡單說就是廚師的助手。畢竟剛換新的環境，一開始我並不是那麼快適應，可以說天天被老闆糾正，當時覺得我好像怎麼做都不對，現在回想起來，我依然對剛去的那前三天印象深刻。第三天的晚餐時段，我和安哥把煮好的食物端到餐桌，幫大家盛飯，老闆的兒子小程則在一旁，手拿飛機，模擬飛機在天空飛行的樣子，老闆和我們坐下用餐沒多久，突然「碰！」了一聲，，小程不小心撞到泡好的熱茶。雖然老闆娘及時地把水壺擋開，但她的右手及在她正下方的小程，整張臉和背部都被熱水燙到，輕微處理後，老闆趕緊開車送他們去附近的醫院。還好茶泡好已經有些時間，燙傷的程度不算太嚴重，醫生開了些消炎藥，叮囑包紮好的傷口要定時更換藥膏。

在那之後，老闆在工作時變得比較少罵人，這突如其來的意外，好像讓老闆變得不太一樣。時間很快的來到週一休假日，安哥說要帶我去鎮上走走，當時接近中午，門外突然傳來敲門聲，我拿好東西後跟著安哥先到藥局放藥單，要隔幾天才能來拿處方藥。往回走有間營業到晚上十點的餐廳，安哥：「我休息時很常來這間吃，這邊的飲料可以免費續杯。」我：「原來英國也有這種的。」我們找了個空位坐下後，安哥拿了二十磅給我，讓我去點餐，價格介於兩磅多到五磅之間，如果只是單純要喝茶或咖啡只要一點四五磅且免費續杯（free refills）。吃完早餐後，安哥帶我去遊戲場。

「我平時沒事都會來這，遊戲種類很多，像是輪盤，賽馬或是撲克牌……等等。」

我在一旁看著他示範。

「像這樣選你要的下注，這裡還有二十磅，你試試看！」

沒想到我只是隨意點著，居然讓我贏了快五十磅。

「怎麼退錢？」我好奇地問。

安哥過來幫我把錢取出。

「你先去逛逛吧，我在想這繼續玩。」他說道。

「好啊，那我去鎮上逛逛囉！」

街道兩旁的店家滿多都是我以前沒見過的服飾品牌、鞋店和書店……等等，沿路逛著，喜歡就試穿，晃著晃著很快就天黑了，我買了些衣物。旅程出發前，爲了減輕背包重量，我沒有帶太多的衣物，一轉眼也過了三個月了。

我常會趁著工作休息之餘，練習翻鍋的技巧，兩週的時間我已經學會，不過直接把炒好的飯菜拋進炒瓢、方便直接裝盤的技巧，倒是花了我兩個月的時間才做到，這份奇妙的工作對我來說充滿了驚喜，隨著待在這的時間越長，我感覺到自己正慢慢地進步著，內心有種踏實的感覺。我也把這些經歷以日記的方式記錄並分享在痞客邦，有些朋友看了會傳訊息來問候。

某天老闆娘在我上樓前叫我。

「有人寄東西給你」她說道。

「信?還是包裹？」我驚訝的問。

「不小的包裹。」

「感謝。」

房間內部

我與安哥一起吃早餐

原來是雲雲寄了些台灣茶葉、西藏薰香以及一些書法用品來給我。沒想到我只是聊天時隨口說出，她除了細心記下，還寄過來給我，讓我受寵若驚，非常地感謝她。記憶帶我回到四年前與雲雲在印度相遇的場景，當時我與朋友在找一位韓國人推薦的西藏餃子餐廳，達蘭薩拉是位在印度北方的一座山城，山城中有很多坡道及狹小的巷弄，這讓剛剛抵達的我很難辨識方向，我們走著走著就迷了路，這時，在不遠處居然傳來熟悉的言語交談聲，朝著聲音的方向看過去，有人正在對樓頂上穿著藏紅僧袍的出家人大聲說話，我很確定說話的是台灣人，我上前向她問路。

「你是台灣人對吧。」我問到。

「是的。」

「我沿路遇到的都是中國來的小夥伴，在這很難遇到台灣人，不過妳一說話的口音就能辨別。」

「我在找一位朋友推薦的餐廳，在賣西藏水餃，大門是藍色的。」

「我知道，那間滿有名的，我帶你們去吧。」

她帶我們進到餐廳，等我們點完餐後才離開。

「我等等要去藏人的機構上課，你們吃完飯沒事可以來看看。」她露出微笑。

「好啊。」我回覆。

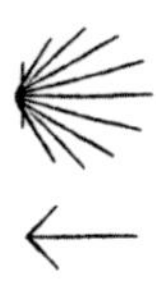

吃完飯後，我們走進機構內參觀，順便等待雲雲下課。

雲雲下課後向我解釋 Tibet World 這個機構，主要是在幫助西藏或不丹人學習語言，這裡除了有中文課程之外還有英文以及其他語言。

「對了，教初階中文的老師剛剛離開，你要不要來教中文啊？」

「我沒教過耶。」

「沒關係，我們也有志工來的時後完全不會拼音啊，背一下就好了。」

「ㄅ、ㄆ、ㄇ？」

「這的是用拼音，英文拼字的方式，我等等拿拼音的表給你。」

「好啊。」

「不用擔心，你可以的。」她眼神中有莫名的確信。

就這樣開始了我的志工教學，當地學生對志工老師都十分尊崇，與我以往的生活環境不大一樣，這點著實讓我印象深刻，學生在課餘時也會帶著我去爬山、繞寺廟、轉經輪、聽佛法，我也很幸運能親見達賴喇嘛及大寶法王，與他們相處得越久，我越覺得我更像是學生的角色，當志工的時間一下就過去，在我回國前學生和其他志工們一大早便來巴士站向我道別，並且依當地的習俗，爲我披上哈達來給予祝福。其實當天起床後，我感覺到自己身體微微不適，有點發燒，不過，前往首度德里機場的途中，發燒的症狀居然不藥而癒，感覺大家的祝福帶著看不見的能量發揮了神奇的作用。現在回想起來，身體仍起雞皮疙瘩，宇宙中發生的一切，彷彿都有著難以言喻的細微關聯。

當時英國剛過完萬聖節，安哥在休假日與和我一起去餐廳吃早午餐，那天安哥一邊吃著盤中的食物，一邊抱怨餐廳員工餐的食材不太豐富，突然他提了出一個想法。

「一個禮拜給你煮兩天如何？」

「怎麼這麼突然？」

「你不是希望廚藝快點進步？」

「當然啊。」我回覆。

「我們平常菜單煮的就那樣，很制式也變不出什麼新花樣。」

「你最快進步的方式，就是煮我們要吃的員工餐。」

「那才是眞功夫。」

「好像可以喔，我試試看。」

「你可以的啦。」

雲雲從台灣寄來的包裹

我和學生及志工們在達蘭薩拉的巴士站合影

我們有四個大人和一個小孩，安哥建議我至少要三樣菜，起初我從前一個晚上就會開始緊張，擔心會出包，我得提前思考要煮的菜色或參考網路上的食譜，到後來漸漸越做越有心得，我只要趁著備料的過程還有之後的休息時間，利用手邊現成的食材，就可以直接變出晚餐的菜餚，看著大家吃我煮的飯菜，總有滿滿的成就感。

餐廳在正餐時間比較忙，平時備完料後，會有滿長的空閒時間，我會四處走走發掘新的事物，也順道採買生活用品。那天，我一如往常地走著，突然發覺沿途經過的廣告招牌，告示或路標，明明都是英文，我卻能理解！當下發現讓我十分驚訝，原來環境竟對一個人的影響如此之大。有天我向某個方向走去，那是我平時不會經過的區域，這裡有個公園，當時約莫四、五點，除了推著手推車的母女外，公園沒什麼人，草皮上有成群的鳥兒，池塘內的枯樹枝伴著水鳥，繞了一圈後看到有間滿有歷史感的酒吧，我找了位置坐下，享受這專屬於我的幸福時光，日常生活中真的充滿了驚奇。

我煮的員工餐

夜晚的街道

池塘與水鳥

公園內的酒吧

很快地接近十一月的尾聲，我這一、兩週一直思考著，要如開口和老闆提我要回台灣的事情，當時我已備妥食材，只要打掃完，就可以上樓休息，就在最後的時刻手邊的動作越來越慢，我拖延著時間猶豫要怎麼開口，彷彿是未來的我給我力量，背部有股暖流支撐著我，我朝著老闆的方向走去。

「老闆那個……我要回台灣了。」我開口說出。

「蛤！那你能幫忙到一月嗎？」老闆問到。

「我頂多到聖誕節左右。」內心有點猶豫。

「聖誕節那週通常最忙，哪有人那時走的，我臨時也找不到人啊。」

「所以你想做到哪一天？」老闆拿了一旁的日曆問道。

「我原本是想說做到24、25號。」

「那你就做到24號。」他說道。

「好的。」

沒想到幾天後老闆對我說：「你沒來英國工作過，所以不知道這的習慣，大家如果要換工作，通常會挑三十一號之後，不過也沒關係了，當作經驗。」

離開的早上安哥陪我吃早餐，他徐徐地向我透露。

「其實餐廳狀況不太好，老闆有跟我說了，在你離開之後，我們會把剩下的食材還有做好的醬汁賣完，一月底左右會歇業。」

「之前我好像有聽到些什麼，但也不是很確定。」我說道。

「我會先回馬來西亞，看看之後還有沒有工作機會能來英國。」

「不陪陪你的老婆小孩？」

「我有寄錢回去啊。」

「這裡賺的比較多，何況我還有兒子女兒要養。」

「也是啦。」

吃完早餐後，安哥一如往常地去了遊戲場，而我先回住處整理東西，離開前我當面跟他們夫婦道謝，把寫好的信交給他們，我背著後背包走向車站，經過遊戲場時，我走了進去，安哥果然還在，我把信交給他和他道別，他抽了口菸後說：「記得到了報個平安。」轉頭繼續玩著機台。

最終我在切斯特菲爾德待了三個半月直到聖誕節，才回到倫敦，乘坐火車前我告知了馬力歐，他很開心能再次見到我，這次見面我們聊了很多，他專注地聽著我述說這些日子的經歷，看著他真摯的眼神，我鼓起勇氣把我內心好奇許久的疑問提出。

「這樣問可能有點失禮，不過你爲何願意如此幫助我？」我知道他是虔誠的教徒要奉行教義，不過我並非是他們教徒啊。

「很多人誤會了，其實走這條路不是只有去程而已，回程也在『朝聖』之中啊。」他緩緩說道。

我聽到後非常驚訝，原來我還在朝聖！人永遠不要輕易地侷限自己，此後我把「聖」理解爲心，生命就是一趟不斷朝內心深處探索發掘的旅程，我們未出生前早已開始形塑，時機一到靈魂會帶著需要的體驗及領悟邁向下一段旅程，一切自有安排，相信自己而美好與愛永遠都在。

我與馬力歐在公園吃炸魚薯

我在馬力歐家中合影留念

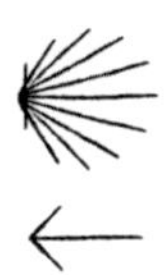

書籍從純文字到作品出版，絕非單靠作者一己之力，而是透過一整個團隊來完成，我感謝一路上所遇到的每個人事物，你們的支持和鼓勵讓這本書順利誕生，在此我將這段故事誠摯地獻給正在閱讀的你們。

國家圖書館出版品預行編目資料

當我在朝聖之路上／林東炫著. --初版.--臺中市：白象文化事業有限公司，2023.6
面；　公分
ISBN 978-626-364-018-4（平裝）
1.CST: 旅遊文學 2.CST: 西班牙
746.19　　112005599

當我在朝聖之路上

作　　者　林東炫
校　　對　林東炫
封面攝影　許博凱
發 行 人　張輝潭
出版發行　白象文化事業有限公司
412台中市大里區科技路1號8樓之2（台中軟體園區）
出版專線：（04）2496-5995　傳真：（04）2496-9901
401台中市東區和平街228巷44號（經銷部）
購書專線：（04）2220-8589　傳真：（04）2220-8505
專案主編　林榮威
出版編印　林榮威、陳逸儒、黃麗穎、水邊、陳媁婷、李婕、林金郎
設計創意　張禮南、何佳諠
經紀企劃　張輝潭、徐錦淳、林尉儒、張馨方
經銷推廣　李莉吟、莊博亞、劉育姍、林政泓
行銷宣傳　黃姿虹、沈若瑜
營運管理　曾千熏、羅禎琳
印　　刷　百通科技股份有限公司
初版一刷　2023年6月
二版一刷　2023年10月
定　　價　350元